Köstlich backen

mit der Thermo Küchenmaschine

Köstlich backen

Sandra Luz

mit der **Thermo**Küchenmaschine

h.f.ullmann

Inhalt

Vorwort

Schon als Kind schleckte ich mit Begeisterung den Quirl ab, wenn meine Mutter den fertigen Teig in die Form gab. Gespannt saß ich danach auf einem Hocker vor dem Backofen und wartete, bis der Kuchen in der Bären-Backform seinen „dicken Bauch“ bekam. Solange ich denken kann, wurde in meiner Familie gebacken, und die Leidenschaft fürs Süße hat mein Herz schon früh erobert. Bereits als Kind schaute ich mir bei meiner Großmutter den einen oder anderen Trick ab und ergatterte uralte Familienrezepte. Dass ich eines Tages Konditorin werde und meine Großmutter bei mir über die Schulter schaut, das dachte wohl niemand. Doch ich habe in diesem Beruf meine Berufung gefunden und ich könnte mir nichts Schöneres vorstellen.

Dass ich dieses Jahr mein erstes Backbuch schreibe, dass ich überhaupt jemals ein Backbuch schreibe, auch das hätte ich mir nie im Traum vorstellen können. An dieser Stelle ein herzliches Dankeschön meiner lieben Freundin Elisabeth, die den Kontakt zwischen dem Verlag und mir hergestellt hat.

Dankbar bin ich vielen anderen Menschen, ohne die dieses „Projekt“ nicht möglich gewesen wäre. An erster Stelle möchte ich mich bei meinem Chef Josef Schwalber bedanken, der mir die ganze Zeit über seine Backstube zur Verfügung gestellt hat und mich tatkräftig unterstützt hat. Danke für Ihr Vertrauen! Meiner großartigen, liebenswerten Fotografin Vivi D'Angelo danke ich für die tollen Shooting-Tage. Es war oft stressig und ein bisschen chaotisch, aber mit dir trotzdem immer voller Leben und Freude. Ich bin sehr glücklich, dass du während der ganzen Zeit an meiner Seite warst. Du hast meine Kuchen und Torten perfekt in Szene gesetzt und wunderschöne Fotos damit gezaubert. Danke, dass du so bist, wie du bist!
Meiner Lektorin Annerose Sieck möchte ich für die vielen aufbauenden Worte danken, wenn ich mal wieder kurz vor dem Verzweifeln war. Ohne dich wären vielleicht viele Seiten leer geblieben.
Mein Dank geht zudem an Herrn Dort, für das Vertrauen in meine Fähigkeiten als Autorin und dafür, dass er mir ermöglicht hat, meine Rezepte auf diese Weise festzuhalten. Das Schreiben hat mir sehr viel Spaß gemacht!

Und zuletzt danke ich jedem, der dieses Buch aufschlägt und die Rezepte nachbackt. Backen ist etwas Wunderbares! Ich habe versucht, die Rezepte möglichst breit zu fächern. Von absoluten Klassikern wie Käse-Sahne-Torte bis hin zu trendigem Kleingebäck wie Cakepops und Cupcakes – es ist für jeden etwas dabei. Manche Rezepte werden Ihnen vielleicht lang und aufwendig erscheinen, aber ich versichere Ihnen: Die Mühe und Liebe, die Sie in ein Gebäck stecken, schmeckt man später auch. Und denken Sie immer dran: Es ist noch nie ein Meister vom Himmel gefallen. Und wenn auch mal etwas nicht auf Anhieb klappt, so haben Sie gleich einen Grund, es nochmal zu versuchen.

Nun wünsche ich Ihnen viel Spaß beim Nachbacken, Dekorieren, Verzieren und natürlich beim süßen Genuss!

Ihre Sandra Luz

Einführung

Die Thermoküchenmaschinen erleben gerade einen regelrechten Siegeszug. Auch Sie haben sich ein solches Multitalent angeschafft? Viele wissen gar nicht, dass man nicht nur schnell und einfach damit kochen kann. Auch das Backen erlebt durch die Thermoküchenmaschinen eine richtige Renaissance. Noch nie war Backen so einfach! Auf den folgenden Seiten erfahren Sie alles Wesentliche, was Sie benötigen, um kleine und große Köstlichkeiten mithilfe der Thermoküchenmaschine auf den Tisch zu zaubern. Alle Rezepte sind dafür optimiert, aber nicht ausschließlich dafür konzipiert.

Neben einer ausführlichen Beschreibung wesentlicher Grundrezepte von Mürbeteig über Biskuit, Brandteig bis hin zu Blätterteig finden Sie weitere vertiefende Specials, die das Backen und Dekorieren leichter machen. Und wenn anfangs mal etwas danebengeht, verzweifeln Sie nicht. Backen soll glücklich machen und begeistern! Gehen Sie es deshalb entspannt an. Sie müssen keine Meisterwerke zaubern.

Einführung

Backen ist für mich pure Leidenschaft, und in meinem Beruf kann ich diese jeden Tag ausleben. Ich möchte schon behaupten, darin meine Berufung gefunden zu haben. Deshalb macht es mich umso glücklicher, dass Backen momentan eine richtige Renaissance erlebt. Noch nie war Backen so trendy wie heute. In den letzten Jahren konnte ich sehen, wie vor allem immer mehr jüngere Menschen sich diesem Hobby zuwenden. Ein Blick ins Internet zeigt, dass immer mehr Back- und Foodblogs gegründet werden, weil Backbegeisterte ihre Leidenschaft mit anderen teilen möchten. Es ist nicht mehr nur ein Zeitvertreib für Hausfrauen, Mütter und Großmütter. Backen macht Spaß, ist herausfordernd – und Backen verbindet, nicht nur mit Gleichgesinnten. Schließlich freut uns doch hinterher das Teilen mit Freunden, Kollegen und Familie. Und das Schönste ist doch immer noch, wenn es ihnen schmeckt und sie vor lauter „Oh“ und „Ah“ kein Wort mehr über die Lippen bringen!

Auch wenn mal etwas nicht auf Anhieb klappt: Lassen Sie sich nicht entmutigen. Die Rettung für einen misslungenen Rührkuchen sind z. B. kreative Cakepops. Seien Sie ruhig etwas flexibel und trauen Sie sich zu, auch neue Wege zu gehen. Etwas Improvisation hat noch nie geschadet.

Dass Backen mittlerweile schon fast so beliebt ist wie das Kochen, verdanken wir natürlich auch der Technik und dem immer größeren Angebot an Backzutaten, Kuchenformen, Ausstechern, Dekoren usw. Hier finden Backbegeisterte nahezu alles, was das Herz begehrt. Als ich 2012 meine erste Thermoküchenmaschine bekommen habe, war mir nicht klar, zu welcher Bereicherung sie für meinen privaten und beruflichen Alltag werden könnte. Inzwischen ist das Multitalent nicht mehr aus meiner Küche wegzudenken. Viele Rezepte habe ich für den Gebrauch in der Thermoküchenmaschine umgeschrieben, andere sind erst damit möglich geworden. So spare ich mir die vielen kleinen Küchenhelferlein und habe quasi alles vereint in einem Gerät. Außerdem kann ich viele Dinge gleichzeitig machen, was im stressigen Alltag eine extreme Erleichterung ist.

Wichtige Geräte zum Backen

Man hat immer zu wenig Zeit. Die Arbeit ist stressig, der Haushalt will gemacht werden, und der Tag hat einfach zu wenig Stunden. Sich dann noch stundenlang in die Küche zu stellen, um einen Kuchen anzurühren, ist meist Luxus pur. Zum Glück müssen wir heute nicht mehr Schwerstarbeit in der Küche leisten wie unsere Großmütter. Je nach Geldbeutel steht eine breite Palette an „Helferlein" zur Verfügung.

Thermoküchenmaschinen

Wie auf dem Buchtitel deutlich zu erkennen, stehen bei den Rezepten die Thermoküchenmaschinen im Mittelpunkt. Diese Geräte werden teils schon zu Preisen angeboten, die sie auch für den kleinen Geldbeutel erschwinglich machen. Daher stehen sie hier an erster Stelle.

Ein paar Tipps

- Auch wenn Sie es sonst nicht gerne tun: Lesen Sie die Gebrauchsanweisung für Ihr spezielles Gerät. Es wird sich lohnen!
- Einige Geräte haben eine Knetstufe, andere nicht. Wenn Sie keine Knetstufe haben, benutzen Sie stattdessen die Stufen 1–2.
- Wenn Sie den Dampfgar-Aufsatz benutzen, sollten Sie währenddessen das Fenster öffnen, um z.B. Schimmelbildung zu vermeiden.
- Die meisten Mixbecher-Deckel haben eine kleine Öffnung in der Mitte, um ggf. Zutaten in das laufende Rührwerk zu geben. Halten Sie diese Öffnung immer geschlossen, wenn Sie bei hoher Drehzahl rühren.
- Die meisten Geräte haben 10 Stufen für die Drehgeschwindigkeit. Wenn Ihr Gerät eine andere Einteilung hat, können Sie sich eine kleine Skala zeichnen und sehen dann, was mit der angegebenen Drehgeschwindigkeit gemeint ist. Mit ein bisschen Übung haben Sie schnell ein Gespür dafür. Grob lässt sich sagen: Stufe 1–3 sind niedrig, Stufe 4–6 sind mittel, Stufe 7–9 hoch und 10 „Turbo". Für die Temperaturen gilt das Gleiche. Ein Beispiel für so eine kleine Tabelle sehen Sie im Folgenden. Oben stehen die Zahlen für ein Gerät mit 10 Stufen, unten für ein Gerät mit 8-stufiger Einteilung.

1	2	3	4	5	6	7	8	9	10
1	2	3	4	5	6	7	8		

Auch wenn Sie keine Thermoküchenmaschine besitzen, können Sie natürlich die Rezepte in diesem Buch zubereiten.

Die Rezepte sind für Thermoküchenmaschinen optimiert, aber nicht ausschließlich dafür konzipiert. Praktisch lässt sich alles auch mit anderen Geräten und Hilfsmitteln herstellen. Die meisten Arbeitsschritte lassen sich auch anders bewerkstelligen, auch wenn dies manchmal umständlicher oder zeitaufwendiger ist.

Aufschlagen von Eiern oder Eiweiß: Mit einem Handrührgerät mit Quirl (Rührbesen) lassen sich Eier und Eiweiß genauso gut aufschlagen. In manchen Rezepten macht es sogar Sinn, das Eiweiß separat mit dem Handrührer aufzuschlagen, während die restliche Masse im Thermogerät rührt.
Butter schaumig rühren: Auch das Schaumigrühren von Butter können Sie mit einem Handrührgerät mit Quirl bewerkstelligen.
Flüssigkeiten erhitzen: Erhitzen Sie sie unter Rühren mit einem Schneebesen im Topf.
Nüsse, Kuvertüre, Zucker usw. mahlen: Je nach benötigter Mahlstufe können Nüsse usw. mit einem Messer gehackt oder in einem Hochleistungsmixer gemahlen werden. Kleine Mengen können Sie auch im Zerkleinerer mahlen. Außerdem gibt es bereits fertig gemahlene Nüsse im Handel zu kaufen. Sie sollten allerdings nicht zu lange gelagert werden.
Teig kneten: Mit dem Handrührgerät mit Knethaken oder von Hand.
Schokolade und Kuvertüre schmelzen: Bei niedriger Stufe vorsichtig in der Mikrowelle oder über einem heißen Wasserbad schmelzen.
Pürieren von Früchten: Mit einem Pürierstab oder im Hochleistungsmixer.
Dämpfen von Obst oder Gemüse: Kleinere Obststücke in eine mikrowellengeeignete Schüssel mit etwas Wasser legen und in der Mikrowelle für einige Minuten dämpfen oder in einem Topf (geschlossen) mit wenig Wasser, bis das Obst weich ist.
Raspeln von Obst und Gemüse: Das funktioniert sehr gut mit einem Gemüsehobel.

Handrührgerät

Gerade wenn es schnell gehen muss, kann das Handrührgerät eine tolle Ergänzung zur Thermoküchenmaschine sein. Wenn z. B. Eier getrennt aufgeschlagen werden müssen, empfiehlt es sich, das Eiweiß erst kurz vor Gebrauch separat mit dem Handrührer aufzuschlagen, während die restlichen Zutaten in der Thermomaschine rühren. Erstens verliert der Eischnee an Stand und Luftigkeit, je länger er steht und sollte daher direkt verarbeitet werden, zweitens muss der Mixtopf so nicht zwischendurch gespült werden.

Backofen
Ein Backofen ist beim Backen (fast) unabdingbar. Aber jeder Backofen backt anders. Sie kennen Ihren Ofen am Besten. Die Angaben in diesem Buch sind Richtwerte. Grundsätzlich gilt (falls nicht anders angegeben) Backen auf mittlerer Schiene bei Ober-/Unterhitze. Wenn Sie mit Umluft backen möchten, muss die Temperatur niedriger gewählt werden (in der Regel um 20 °C). Einige Rezepte können auch in der Mikrowelle oder im Dampfgarer „gebacken“ werden.

Mikrowelle
Die Mikrowelle ist ein nützlicher Helfer in der Küche. Ob zum Schmelzen von Kuvertüre, zum Auflösen von Gelatine oder um Butter geschmeidig zu machen. Hier geht das wie im Nu!

Backformen
Im Handel gibt es heutzutage fast nichts, was es nicht gibt. Die Vielzahl an Backformen erschlägt einen förmlich. Es ist aber nicht nötig, sich über und über mit Backformen einzudecken, es reicht die folgende Grundausstattung:

1 runde Springform mit Antihaftbeschichtung
1 Kastenform 24 cm bzw. 35 cm
1 Muffinblech (für 12 Stück)
1 Tarte- oder Quicheform
1 Gugelhupfform

Zudem gibt es Silikon-Backformen, Einweg-Backformen aus Papier, Formen für Motiv-Kuchen und vieles mehr. Was Sie davon benötigen, hängt ganz von Ihren persönlichen Vorlieben ab.

Andere Gerätschaften
Nützliche kleine Küchenhelfer zum Backen sind außerdem Backpinsel, Tortenmesser (zum Schneiden von Tortenböden), Palette (zum Einstreichen von Torten), Rollholz, Küchenwaage, Spritzbeutel mit Loch- oder Sterntüllen, Schneebesen, Teigschaber, Silikonspatel, verschiedene Ausstecher aus Metall oder Kunststoff, Kuchengitter, Tortenglocke, usw. Sinnvoll sind auch Mehl- und Puderzuckersieb.

Mehlsieb
Ein Mehlsieb sollte in einer gut ausgestatteten Küche nicht fehlen. Am besten eignet sich ein sogenanntes Einhand-Mehlsieb, das etwa 500 g Mehl aufnehmen kann. Es hat die Form einer großen Konservendose und einen seitlichen Handgriff, der über einen Hebelmechanismus einen Metallstern auf dem Siebboden rotieren lässt, wenn der Griff abwechselnd fester und lockerer umfasst wird. Dadurch kann das Mehl mit einer Hand gesiebt werden, ohne dass zu viel Mehlstaub neben der Schüssel landet.

Puderzuckersieb

Ein kleines Handsieb (Ø ca. 8 cm) aus Metall mit einem etwas längeren Griff und feinen Löchern ist perfekt für Dekorarbeiten mit Puderzucker. Damit kann man genau steuern, wo der Puderzucker später landet, und noch dazu sind die süßen Minisiebe total dekorativ!

Bleiben Sie entspannt …

Für mich bedeutet Backen vor allem eines: Entspannung. Wenn der Teig in Ruhe vor sich hin knetet oder der Duft von Schokoladenkuchen durch das Haus zieht, bin ich voll in meinem Element. Gespannt sitze ich dann vor dem Ofen und warte geduldig, bis meine Macarons ihre berühmten „Füßchen" bekommen. Das macht mich glücklich!

Auch wenn mir manchmal etwas nicht auf Anhieb gelingt, bleibe ich gelassen und versuche zu retten, was zu retten ist. Das passiert mir im privaten und auch im beruflichen Alltag. Doch mit der Zeit lernt man viele kleine Tricks und Kniffe kennen, mit denen sich aus etwas Missratenem noch etwas Ansprechendes zaubern lässt. Improvisation ist alles! Mein Tipp: Bloß nicht verzweifeln und schon gar nicht vor lauter Frust den Kuchen in die Tonne kippen.

Backen soll glücklich machen und begeistern! Gehen Sie es deshalb entspannt an. Sie müssen keine Meisterwerke zaubern, und ein Schokoladenkuchen, der vielleicht nicht ganz so aufgegangen ist wie er sollte, zergeht wahrscheinlich immer noch auf der Zunge und zaubert den Essern ein Lächeln ins Gesicht. Sie müssen nur einige Grundregeln beachten, damit das Arbeiten leichter von der Hand geht und das Ergebnis so wird, wie Sie es sich wünschen.

… und halten Sie sich an ein paar Regeln

Rezepte befolgen

Bevor Sie anfangen zu backen: Lesen Sie das Rezept erst einmal ganz durch. So vermeiden Sie später, dass irgendetwas schiefgeht. Halten Sie sich immer an das Rezept, ein paar Gramm hin oder her sind als Spielraum immer drin. Dennoch sollten Sie nicht „Pi mal Daumen" backen.

Zutaten vorbereiten

Bevor Sie ans Werk gehen, sollten Sie alle Zutaten, Werkzeuge und Formen bereitstellen. Das spart Zeit und Sie vergessen auch keine Zutat.
Zutaten haben, wenn nicht anders angegeben, in der Regel Zimmertemperatur.
Vor allem bei Sandmassen ist es von Vorteil, die Zutaten schon einige Zeit vorher herauszustellen und nicht zu kalt zu verarbeiten. Die gleiche Temperatur (vor allem bei Fett und Eiern) verbessert die Bindung und die Masse wird homogener.

Jeder Ofen ist anders

Ohne Backen kein schönes Gebäck. Die Angaben in diesem Buch sind Richtwerte. Beachten Sie die Eigenheiten Ihres Backofens und kontrollieren Sie regelmäßig, was in Ihrem Ofen passiert. So können Sie schnell reagieren und ggf. die Temperatur reduzieren, das Blech drehen oder das Gebäck eine Schiene nach unten setzen.

Ruhig arbeiten

Backen ist keine Akkordarbeit! Bereiten Sie alles in Ruhe zu, geben Sie Flüssigkeiten langsam, nach und nach hinzu und achten Sie auf eine saubere Arbeitsweise. Die Zutaten brauchen oft etwas Zeit, um genug Luft aufzunehmen, ihr Volumen zu erlangen oder um sich zu verbinden. Vor allem beim Trennen von Eiern ist absolute Sauberkeit gefragt. Es sollten keine Schalenteile in das Gebäck kommen!

Grundlegende Backregeln

Oftmals klingen die Rezepte unglaublich kompliziert und zeitaufwendig. Sie sollen sich genau an die Abläufe halten, wissen aber nicht, warum das nun genauso gemacht werden muss? So schleichen sich leicht Backfehler ein. „Warum geht der Biskuit nicht auf? Wieso trennt sich die Butter vom Ei? Weshalb verdoppelt der Hefeteig sein Volumen nicht?“ Auch ich habe erst durch meine Berufsausbildung erfahren, warum es besser ist, das Mehl zu sieben oder was genau beim Schaumigrühren von Eiern passiert.
Daher ist es mir wichtig, einige grundlegende Backregeln genauer zu erklären.

Schaumig rühren

Viele Rezepte beginnen damit, z. B. Butter und Zucker schaumig zu rühren. Hierbei sollte man sich ausreichend Zeit nehmen. Ziel des „Schaumigrührens“ ist es, Luft unter die Masse zu bringen und so ihr Volumen zu erhöhen. Die Zutaten sollten hierfür Zimmertemperatur haben, da sie so die Luft besser aufnehmen. Das

gilt auch für das Schaumigrühren von Eiern. Je heller die Masse wird, desto mehr Luft wurde eingearbeitet. Achtung: Zu lange rühren lässt die Masse wieder zusammenfallen! Da heißt es, genau das richtige Maß zu finden.

Eischnee schlagen

Beim Schlagen von Eischnee gibt es einige wichtige Grundregeln. Am wichtigsten: Alle Geräte müssen absolut fettfrei sein! Geben Sie zum Eiklar immer eine Prise Salz und einen Spritzer Zitronensaft. Diese beiden Zutaten sorgen dafür, dass der Eischnee mehr Stabilität erhält und sich leichter aufschlagen lässt. Geben Sie ggf. Zucker immer nach und nach dazu. Auch hier gilt: Das Eiweiß sollte mindestens Zimmertemperatur haben. In der Thermoküchenmaschine empfehle ich sogar das Aufschlagen bei 37 °C.

Wenn Sie Eigelb und Eiweiß voneinander trennen, achten Sie darauf, dass keine Spuren vom Eigelb im Eiweiß verbleiben, da sich dieses sonst nur schlecht aufschlagen lässt.

Mehl sieben

Hand aufs Herz: Wer siebt beim Backen das Mehl? Kaum jemand macht sich die Mühe, doch das sollten Sie in Zukunft tun. Durch das Sieben wird das Mehl gelockert, es lagert sich Luft dazwischen an und Ihr Gebäck wird dadurch voluminöser, feinporiger und luftiger! Außerdem verhindert das Sieben die Bildung von Mehlklümpchen ... eine feine Sache!

Garprobe

Wann ist der Teig fertig gebacken? Nicht jeder Ofen hat bei gleicher Einstellung auch wirklich die gleiche Temperatur. Daher sind Temperatur- und Zeitangaben immer relativ. Ob ein Gebäck fertig ist, kann aber ganz einfach mit einem alten Haushaltstrick geprüft werden. Stechen Sie mit einem Holzstäbchen mittig in den Teig und ziehen es wieder heraus. Haften nun am Stäbchen noch Teigreste, braucht der Kuchen noch ein paar Minuten. Wiederholen Sie diesen Vorgang im Abstand von 5–10 Minuten. Sollte der Kuchen währenddessen zu dunkel werden, können sie ihn mit Backpapier oder Alufolie abdecken.

Kneten

Oftmals gelingen im Grunde sehr einfache Teige nicht, weil zu schwach oder zu kurz geknetet wird. Durch das Kneten wird das Klebereiweiß (Gluten) des Mehls freigesetzt. Das wiederum sorgt dafür, dass der Teig stabil und elastisch bleibt. Ohne diesen Kleber bleibt der Teig „matschig“ und verliert beim Backen seine Form. Aufgrund dieses Klebers sind auch die Ruhezeiten bei Teigen einzuhalten. Nach dem Kneten braucht der Kleber Zeit zu entspannen.

Mahlen

Nüsse können in verschiedenen Varianten im Handel gekauft werden. Ich empfehle die Nüsse immer im Ganzen zu kaufen und je nach Bedarf in der Thermoküchenmaschine bis zum gewünschten Feinheitsgrad selbst zu zerkleinern. Dazu spanne ich immer ein Stück Frischhaltefolie zwischen Mixbecher und Deckel. Das verhindert, dass sich der Nuss-Staub im Deckel ablagert. Übrigens kann man so aus Kristallzucker auch Puderzucker selbst herstellen. Wichtig: Der Mixtopf muss immer absolut trocken sein!

Zitronen-, Orangen- und Limetten-Abrieb

In vielen meiner Rezepte verwende ich den Abrieb von Zitrusfrüchten. Die Schale der Früchte enthält ätherische Öle und ist somit deren Aromaträger. Der Saft der Zitrusfrüchte ist weniger Aromaträger, er fügt lediglich Säure hinzu. Verwenden Sie unbedingt unbehandelte Früchte (möglichst in Bio-Qualität). Waschen Sie die Schale vor dem Reiben mit heißem Wasser ab, um die Wachsschicht zu entfernen. Dann mit einer Zitrusreibe, einem Zestenreißer oder einer Haushaltsreibe die Schale abreiben. Achten Sie darauf, die bittere weiße Innenschale nicht mit abzureiben!

Zutaten

Bei der Wahl der Zutaten kommt es auf einige Kleinigkeiten an, damit das Backergebnis überzeugt. Geschmack und Qualität spielen dabei natürlich auch eine Rolle. Außerdem sollte der Grundsatz „saisonal und regional" möglichst Priorität haben. Dass Erdbeeren im Winter zwar verfügbar sind, sie qualitativ und geschmacklich aber nicht mit feldfrischen Früchten mithalten können, wissen wir bereits. Also halte ich mich wenn möglich daran, möglichst saisonal und regional einzukaufen.

Eier

Achten Sie beim Kauf der Eier immer auf die Größe. Die Rezepte in diesem Buch gehen immer von Eiern der Größe M aus. Eier dieser Größenklasse wiegen (ohne Schale) durchschnittlich ca. 50 g. Hiervon sind 30 g Eiweiß und 20 g Eigelb. Sollten Sie größere oder kleinere Eier kaufen, können Sie mit diesen Angaben die Eier „umrechnen".
Verwenden Sie für die Rezepte nur frische Eier.

Süßungsmittel

Da ich mich in diesem Buch mit traditionellem Backen befasse, verwende ich auch ausschließlich weißen Raffinadezucker, braunen Rohrzucker oder Honig zum Süßen. Geschmacklich am neutralsten ist hierbei der weiße Raffinadezucker, daher findet er in fast allen Rezepten Verwendung. Der braune Rohrzucker hingegen hat einen leicht karamellartigen Geschmack und verändert zudem Farbe und Konsistenz der Gebäcke. Honig ist sehr

geschmacksintensiv und wird deshalb nur verwendet, wenn der Geschmack von Honig erwünscht ist, z. B. bei Lebkuchen. Achten Sie darauf, dass der Zucker immer gut verschlossen gelagert wird, sodass er nicht verklumpt. Auskristallisierter Honig kann durch vorsichtiges Erhitzen wieder verflüssigt werden.
Die Zuckerarten sorgen im Gebäck neben dem Geschmack auch für die Bräunung beim Backen und für die Konsistenz.

Fette

In meinen Rezepten verwende ich immer Butter (Süßrahm) anstelle von Margarine. Für mich ist Butter einfach das geschmacklich beste Fett. Natürlich können Sie die Rezepte auch erfolgreich mit Margarine umsetzen. In manchen Rezepten verwende ich sogar geschmacksneutrales Speiseöl. Das macht die Gebäcke besonders locker, saftig und weich.

Milchprodukte

Frischmilch schmeckt mir persönlich besser als H-Milch. Beim Backen merkt man aber so gut wie keinen Unterschied. Wichtig ist nur der Fettgehalt. Ich benutze in meinen Rezepten (falls nicht anders angegeben) immer Milch mit 1,5 % Fettgehalt. Milch macht Gebäcke feinporiger und aromatischer und sorgt zudem für eine längere Frischhaltung gegenüber Wasser.
Bei Joghurt verwende ich gerne Sorten mit 3,5 % Fettgehalt. Wenn Sie Quark verwenden wollen, greifen Sie zur Magerstufe.
Bei Sahne empfehle ich, wenn möglich, stets frische Sahne zu verwenden. H-Sahne schlägt sich schlechter auf und kommt geschmacklich nicht an das frische Produkt heran. Beim Aufschlagen von Sahne ist es wichtig, dass Mixtopf und Sahne sehr kalt sind, sonst wird sie schnell zu Butter.

Mehle

In meinen Rezepten verwende ich hauptsächlich Weizenmehl der Type 405 oder 550. Wer auf eine vollwertige Ernährung Wert legt, kann die Mehlsorten allerdings bedenkenlos austauschen. Geschmacklich eignen sich z. B. Weizenvollkornmehl oder Dinkelmehl.

Backpulver

Backpulver besteht aus Natron, Speisestärke und einem Säuerungsmittel. Es reagiert in Verbindung mit Wasser, Säure und Wärme und setzt dabei Kohlenstoffdioxid frei. Das führt dazu, dass der Teig aufgeht. Damit das Backpulver optimal reagieren kann, ist es wichtig, dass es niemals in warme Massen gegeben wird und keine Säure direkt daraufgegeben wird. Am besten wird das Backpulver zusammen mit dem Mehl in die Masse gesiebt. So verteilt es sich gleichmäßig und kann optimal wirken.

Abkürzungen

In diesem Buch verwende ich die üblichen Abkürzungen wie z. B. TL = Teelöffel, EL = Esslöffel, g = Gramm, Stck. = Stück, Msp. = Messerspitze, ml = Milliliter usw.

Mengenangaben

Mengen sind immer in Gramm angegeben.
Auch Flüssigkeiten gebe ich in meinen Rezepten in Gramm statt in Milliliter an. Die meisten Thermogeräte haben eine integrierte Waage, sodass das Abwiegen eine Erleichterung gegenüber dem Abmessen im Messbecher ist.

Nach all dem theoretischen Back-Grundwissen wünsche ich Ihnen nun viel Spaß mit meinen Rezepten, Freude und Entspannung beim Nachbacken und vor allem guten Hunger beim Naschen mit ihren Liebsten.

Grundrezepte

Auf die folgenden Grundrezepte greife ich in meinen Rezepten immer wieder zurück. Bei den Rezepten wird dann jeweils darauf hingewiesen.

Mürbeteig

Für ca. 600 g

200 g zimmerwarme Butter
100 g Zucker
1 Eigelb
Mark von 1 Vanilleschote
1 Prise Salz
300 g Mehl, Type 405

Butter, Zucker, Eigelb, Vanillemark und Salz in den Mixtopf mit Rühraufsatz geben und [30 Sek./Stufe 2] verrühren. Den Rühraufsatz entfernen. Mehl (evtl. sieben) dazugeben und nochmals [50 Sek./Knetstufe] kneten.

Mürbeteig aus dem Mixtopf nehmen, ggf. nochmal kurz mit den Händen durchkneten. Teig flach drücken, in Frischhaltefolie wickeln und mindestens 1 Stunde kalt stellen. Nach der Ruhezeit kann der Teig ausgerollt und weiterverarbeitet werden.

Tipp: Mürbeteig darf auf keinen Fall zu lange geknetet werden, da er sonst „brandig" wird. Das heißt: Fett tritt aus, und der Teig verliert seine Bindung, wird beim Backen krümelig und bricht.
Wer es eilig hat, kann anstelle von Kristallzucker auch Puderzucker verwenden. Dann kann der Teig bereits nach 30 Minuten Kühlzeit weiterverarbeitet werden. Außerdem bekommt der Mürbeteig durch den Puderzucker eine feinere Struktur.

Ausrollen
Die Arbeitsfläche zum Ausrollen des Teiges dünn mit Mehl bestäuben und den Teig mit einem Rollholz auf die gewünschte Dicke rollen. Den Teig zwischendurch mit einem langen Messer oder einer Palette von der Arbeitsfläche lösen. Alternativ können Sie den Mürbeteig auch zwischen zwei Lagen Frischhaltefolie ausrollen, dann klebt nichts!

Mürbeteig mag bei der Verarbeitung keine Wärme – daher nicht zu lange kneten und rollen, sonst verliert er seine Bindung. Sollte er doch einmal zu weich werden, kein Mehl mehr hinzugeben. Lieber nochmal in Frischhaltefolie verpacken und in den Kühlschrank legen.

Möchten Sie z. B. eine Tarteform mit dem Teig auskleiden, den ausgerollten Mürbeteig dazu auf das Rollholz wickeln und über der gefetteten Backform wieder abrollen. Mit den Fingern leicht andrücken und den überstehenden Rand mit einem Messer abschneiden.

Blindbacken
In einigen Rezepten empfehle ich, den Mürbeteig in der Form vorzubacken. Dazu deckt man den Teig mit Backpapier ab und beschwert diesen mit getrockneten Hülsenfrüchten wie Linsen oder Erbsen. Das Blindbacken dient dazu, den Teig knuspriger zu machen und damit das Durchweichen zu verhindern. Der Teig wird nun 15–20 Minuten bei der im Rezept angegebenen Temperatur blindgebacken, bis er goldbraun ist.

Butterstreusel

75 g weiche Butter
75 g Zucker
100 g Mehl
Mark von 1 Vanilleschote
1 Prise Salz

Alle Zutaten in den Mixtopf geben und [15 Sek./Stufe 6] zu Streuseln verarbeiten. Die Streusel einfach über den Kuchen oder einen Crumble geben und nach Angaben im Ofen backen.

Tipp: Bei vielen gebackenen Obstkuchen bereitet man eine Streuselschicht zu, um eine zusätzliche knusprige Komponente zu erhalten. Obstkuchen, Tartes, Datschis und Crumbles können nach Belieben mit Streuseln versehen werden, auch wenn das nicht explizit im Rezept steht.

Marzipanstreusel

50 g Butter
100 g Marzipanrohmasse
75 g Mehl
1 Prise Salz
1 EL Vanillezucker

Alle Zutaten in den Mixtopf geben und [40 Sek./Stufe 5] zu Streuseln verarbeiten.

Nussstreusel

60 g Butter
40 g Zucker
40 g gemahlene Haselnüsse
75 g Mehl
1 Prise Salz
1/2 TL gemahlener Zimt

Alle Zutaten in den Mixtopf geben und [40 Sek./Stufe 5] zu Streuseln verarbeiten.

Schokostreusel

70 g Butter
60 g Zucker
80 g Mehl
50 g gemahlene Mandeln
20 g Kakaopulver
1 Prise Salz

Alle Zutaten in den Mixtopf geben und [40 Sek./Stufe 5] zu Streuseln verarbeiten.

Hefeteig

Für ca. 1 kg bzw. 1 Backblech

250 g Milch
70 g Zucker
1/2 Würfel Hefe
1 Ei
1 Prise Salz
Abrieb von 1 Bio-Zitrone
500 g Mehl, Type 550
70 g weiche Butter

Milch, Zucker und Hefe in den Mixtopf geben und [2 Min./Stufe 2/37 °C] erwärmen. Ei, Salz und Zitronenabrieb dazugeben und [30 Sek./Stufe 3] verrühren.

Nun das Mehl sieben, dazugeben und [20 Sek./Knetstufe] verkneten. Zuletzt die weiche Butter dazugeben und alles [5 Min./Knetstufe] zu einem homogenen Teig verarbeiten.

Den Teig in eine Schüssel füllen, mit einem Tuch abdecken und an einem warmen Ort ca. 45 Minuten gehen lassen.

Nach der Ruhezeit kann der Hefeteig auf einer bemehlten Arbeitsfläche mit dem Rollholz ausgerollt werden oder zu Zöpfen, Brötchen usw. geformt werden.

Bevor das Hefegebäck in den vorgeheizten Backofen wandert, sollte es nochmals ca. 20 Minuten abgedeckt ruhen.

Tipp: Beim Hefeteig ist es wichtig, dem Teig immer wieder genügend Zeit zum Aufgehen zu geben. Auch die Temperatur der Zutaten ist entscheidend für das Gelingen. Zu heiße Milch zerstört z. B. die Hefebakterien und verhindert so den Trieb: Der Teig geht nicht auf! Zu kalte Butter würde sich nicht vollständig in den Teig einarbeiten lassen und zu Butterklümpchen führen. Das Sieben von Mehl bewirkt eine besondere Luftigkeit des Teiges.
Halten Sie sich daran, dankt es Ihnen der Hefeteig durch seinen Variantenreichtum: Sie können ihn backen, frittieren, ins Waffeleisen oder in die Pfanne geben. Außerdem ist er beliebt als Zopf, Datschi, Brioche, als Boden für Obstkuchen und vieles mehr.
Hefe ist frisch und als Trockenhefe erhältlich. Meine Rezepte können Sie mit beiden Sorten machen. Trockenhefe ist gut haltbar und kann gut auf Vorrat gelagert werden. Frische Hefe ist dagegen im Geschmack intensiver und der Teig wird etwas lockerer. Ein Pck. Trockenhefe [7 g] entspricht etwa 1/2 Würfel Hefe [21 g].

Brandteig

Für ca. 700 g

100 g Wasser
150 g Milch
100 g Butter
1 Prise Salz
200 g Mehl
1 TL Backpulver
4 Eier

Wasser, Milch, Butter und Salz in den Mixtopf geben und [4 Min./Stufe 3/100 °C] erhitzen. Mehl und Backpulver dazugeben und [2 Min./Stufe 4/100 °C] abrösten bzw. abbrennen. Dann die Masse 15–20 Minuten im Mixtopf abkühlen lassen.

Den Backofen auf Ober-/Unterhitze 200 °C vorheizen und eine kleine, hitzebeständige Schale mit Wasser in den Ofen stellen. Ein Backblech mit Backpapier vorbereiten.

Jetzt nach und nach die Eier durch die Deckelöffnung zum Teig geben, während auf [Stufe 5] gerührt wird. Nochmals [1 Min./Stufe 5] homogenisieren.

Gebäck aufspritzen und im vorgeheizten Backofen ca. 25–30 Minuten goldbraun backen.

Tipp: Die Backofentür darf zwischendurch nicht geöffnet werden, da die Brandmasse sonst zusammenfällt! Eine Schale mit Wasser sorgt dafür, dass die Luftfeuchtigkeit im Ofen hoch ist und die Oberfläche des Gebäcks lange feucht bleibt. So kann es gut aufgehen, ohne aufzuplatzen und behält seine Form.

Gebäck aus Brandmasse sind z. B. Windbeutel, Eclairs, Flockentorte oder Spritzkuchen.
Die Brandmasse wird dabei meist mit einem Spritzbeutel auf Backpapier dressiert und dann gebacken. Auch das Frittieren in heißem Öl ist mit Brandmasse möglich, oder Sie backen den Teig in einem Waffeleisen aus.

Anstatt das Gebäck mit einer süßen Creme wie z. B. Sahne oder Pudding zu füllen, können Sie auch herzhaftes Gebäck daraus zaubern. Das neutrale Gebäck kann genauso gut mit einer Kräutercreme oder einem Frischkäseaufstrich gefüllt werden.

Biskuit [Vanille]

Für 1 Tortenboden [26 cm]

6 Eier
225 g Zucker
1 Prise Salz
Mark von 1 Vanilleschote
185 g Mehl
40 g Speisestärke

Die Eier zusammen mit Zucker, Salz und Vanillemark in den Mixtopf mit Rühraufsatz geben und alles [5 Min./Stufe 3/37 °C] aufschlagen. Dann die Temperatur ausschalten und weitere [5 Min./Stufe 3] dickschaumig rühren.

Mehl und Speisestärke sieben, in den Mixtopf geben und [10 Sek./Stufe 2] unterheben.

Die Masse in eine leicht gefettete und bemehlte oder mit Backpapier ausgelegte Form geben und im vorgeheizten Backofen bei Ober-/Unterhitze 180 °C ca. 40 Minuten backen.

Tipp: Das typische am Biskuit ist der hohe Eieranteil. Durch das Fehlen von Fett ist der Biskuit außerdem sehr bekömmlich und leicht. Die Lockerheit bekommt er durch das Einarbeiten von Luft beim Aufschlagen der Eier. Die Eier werden zunächst warm geschlagen, um mehr Luft aufnehmen zu können, dann wiederum kalt geschlagen, um die Luft besser in der Masse halten zu können. Biskuitmasse darf daher beim Unterrühren des Mehls auf keinen Fall zu schnell oder lange gerührt werden, da sonst die Luftkammern zerstört werden. Außerdem sollte der Biskuit nach der Zubereitung auch sofort gebacken werden. Ein Triebmittel wie Backpulver ist bei diesem Teig nicht nötig, sofern die Eier ausreichend lange geschlagen werden.

Aus dieser Biskuitmasse können Sie anstelle von einem Biskuitboden auch eine Roulade backen. Die Masse dafür einfach auf ein mit Backpapier ausgelegtes Blech streichen und die Roulade bei 200 °C ca. 10 Minuten backen.

Biskuit (Schoko)

Für 1 Tortenboden (26 cm)

6 Eier
185 g Zucker
1 Prise Salz
Mark von 1 Vanilleschote
110 g Mehl
40 g Kakaopulver
40 g Speisestärke

Die Eier zusammen mit Zucker, Salz und Vanillemark in den Mixtopf mit Rühraufsatz geben und alles (5 Min./Stufe 3/37 °C) aufschlagen. Dann die Temperatur ausschalten und weitere (5 Min./Stufe 3) dickschaumig rühren.

Mehl, Kakao und Speisestärke sieben, in den Mixtopf geben und (10 Sek./Stufe 2) unterheben.

Die Masse in eine leicht gefettete und bemehlte oder mit Backpapier ausgelegte Form geben und im vorgeheizten Backofen bei Ober-/Unterhitze 180 °C ca. 40 Minuten backen.

Tipp: Wenn Sie einen Biskuitboden durchschneiden wollen, sollten Sie ihn einen Tag vorher backen, da er sonst sehr weich und zerbrechlich ist.

Biskuit durchschneiden
Es gibt zwei klassische Arten, einen Biskuit durchzuschneiden, um daraus einzelne Tortenböden zu erhalten.

1. Mit einem Tortenmesser (langes, gezahntes Messer oder Brotmesser) den Biskuit möglichst gerade und auf gleicher Höhe rundum leicht einschneiden. Dann auf dieser „markierten" Linie rundum immer tiefer in den Tortenboden einschneiden. Dabei stets mit sägenden Bewegungen arbeiten und nicht zu stark drücken.

2. Mit einem Messer den Biskuit möglichst gerade und auf gleicher Höhe rundum leicht einschneiden. Einen Bindfaden um den Kuchen herum in den Einschnitt legen, den Faden kreuzen und gleichmäßig anziehen, sodass der Faden durch den Tortenboden glatt durchschneidet.

Die geschnittenen Böden vorsichtig mit einem „Kuchenretter" herunterheben.

Biskuitböden, die Sie nicht sofort verwenden möchten, können Sie problemlos einfrieren. Dazu den Biskuit in Frischhaltefolie verpacken. Vor dem Zubereiten bei Zimmertemperatur einige Stunden auftauen lassen.

Wiener Boden (Vanille)

Wiener Boden ähnelt der Biskuitmasse sehr. Der einzige Unterschied ist die Zugabe von flüssiger Butter, die den Boden saftiger macht und länger frisch hält.

Für 1 Tortenboden (26 cm)

5 Eier
115 g Zucker
1 Prise Salz
Mark von 1 Vanilleschote
75 g Mehl
75 g Speisestärke
45 g flüssige Butter

Die Eier zusammen mit Zucker, Salz und Vanillemark in den Mixtopf mit Rühraufsatz geben und alles (5 Min./Stufe 3/37 °C) aufschlagen. Dann die Temperatur ausschalten und weitere (5 Min./Stufe 3) dickschaumig rühren.

Mehl und Speisestärke sieben, in den Mixtopf geben und (10 Sek./Stufe 2) unterheben.

Zuletzt die Butter z. B. in der Mikrowelle zerlassen, dazugeben und (5 Sek./Stufe 2) unterrühren.

Die Masse in eine leicht gefettete und bemehlte oder mit Backpapier ausgelegte Form geben und im vorgeheizten Backofen bei Ober-/Unterhitze 180 °C ca. 40 Minuten backen.

Tipp: Aus dieser Masse können Sie anstelle von einem Tortenboden auch eine Roulade backen. Die Masse dafür einfach auf ein mit Backpapier ausgelegtes Blech streichen und die Roulade bei 200 °C ca. 10 Minuten backen.

Wiener Boden (Schoko)

Für 1 Tortenboden (26 cm)

6 Eier
115 g Zucker
1 Prise Salz
Mark von 1 Vanilleschote
75 g Mehl
50 g Speisestärke
25 g Kakaopulver
25 g flüssige Butter

Die Eier zusammen mit Zucker, Salz und Vanillemark in den Mixtopf mit Rühraufsatz geben und alles (5 Min./Stufe 3/37 °C) aufschlagen. Dann die Temperatur ausschalten und weitere (5 Min./Stufe 3) dickschaumig rühren.

Mehl, Kakao und Speisestärke sieben, in den Mixtopf geben und (10 Sek./Stufe 2) unterheben.

Zuletzt die Butter z. B. in der Mikrowelle zerlassen, dazugeben und (5 Sek./Stufe 2) unterrühren.

Die Masse in eine leicht gefettete und bemehlte oder mit Backpapier ausgelegte Form geben und im vorgeheizten Backofen bei Ober-/Unterhitze 180 °C ca. 40 Minuten backen.

Blätterteig

Für ca. 500 g

Für das Ziehfett
200 g Butter
2 EL Mehl

Für den Grundteig
250 g Mehl, Type 550
15 g weiche Butter
100 g kaltes Wasser
1 TL Salz
1/2 TL Zucker

Für das Ziehfett Butter und Mehl kurz von Hand verkneten und zu einer dünnen, möglichst eckigen Platte rollen. In Frischhaltefolie verpacken und kalt stellen.

Für den Grundteig alle Zutaten in den Mixtopf geben und (5 Min./Knetstufe) zu einem glatten Teig verarbeiten. Den Teig zu einer Kugel formen, kreuzförmig einschneiden und zugedeckt ca. 15 Minuten ruhen lassen.

Nun den Grundteig zu einem Viereck drücken und auf einer leicht bemehlten Arbeitsfläche rechteckig ausrollen.

Die kühl gestellte Butterplatte mittig auf den Grundteig legen. Den Teig von beiden Seiten über die Butterplatte einschlagen und leicht andrücken.

Das so entstandene Rechteck in die Länge rollen – entlang der Naht, sodass die offenen Seiten nach oben und unten zeigen. Dann um 90 Grad drehen.

Für eine einfache Tour den Teig dreifach übereinanderschlagen. Zuerst ein Drittel des Teiges umschlagen und dann das letzte Drittel darüberschlagen.

Das neu entstandene Rechteck in die Breite rollen, also die offenen Teigseiten auseinanderrollen. Dieses Mal aber etwas länger rollen als zuvor. Teig um 90 Grad drehen.

Für die doppelte Tour wird der Teig „geviertelt". Also beide Seiten bis zur Mitte einschlagen. Anschließend klappt man den Teig wie ein Buch zusammen.

Den Teig in Frischhaltefolie verpackt für ca. 20 Minuten kühl stellen, dann nochmals eine einfache und eine doppelte Tour geben.

Vor dem Verarbeiten muss der Blätterteig gut durchgekühlt sein, also ca. 30 Minuten in Frischhaltefolie verpackt im Kühlschrank ruhen lassen.

Tipp: Die Herstellung von Blätterteig ist sehr aufwendig und nicht ganz einfach. Doch der Aufwand lohnt sich! Sie können auch gleich eine größere Menge herstellen und den Blätterteig einfrieren. Dann einfach im Kühlschrank über Nacht auftauen lassen und wie gewohnt verarbeiten.

Blitzblätterteig

Für 1 Springform (28 cm)

250 g Mehl, Type 550
100 g kalte Butter, gewürfelt
100 g kaltes Wasser
1/2 TL Salz

Alle Zutaten in den Mixtopf geben und (45 Sek./Knetstufe) vermischen. Es sollen noch feine Butterstücke im Teig vorhanden sein. Den Teig in Frischhaltefolie wickeln und ca. 30 Minuten kalt stellen.

Den Teig auf einer leicht bemehlten Arbeitsfläche rechteckig ausrollen. Dann 3 einfache Touren (siehe Blätterteig) geben.

Vor dem Verarbeiten muss der Blitzblätterteig gut durchgekühlt sein, also ca. 30 Minuten in Frischhaltefolie verpackt im Kühlschrank ruhen.

Tipp: Blitzblätterteig ist die etwas einfachere Variante des Blätterteigs. Er eignet sich hervorragend als Boden für Quiches oder Tartes (herzhaft oder süß), aber auch z. B. für Nusshörnchen, Quarktaschen, Schneckennudeln usw.

Blätterteig sollte immer heiß gebacken werden, also bei ca. 200 °C, da sonst die Butter aus dem Teig läuft.

Blätterteig darf NIE durchgeknetet werden. Falls sie eventuell Reste nochmals ausrollen wollen, legen Sie diese locker aneinander oder übereinander und rollen Sie dann erneut aus. Durch das Verkneten (wie z. B. bei Mürbeteig) würden die Butterschichten verloren gehen und der Teig würde nicht mehr blättern.

Sandmasse

Für 1 Springform (26 cm) bzw. 1 Kastenform (24 cm)

250 g weiche Butter
250 g Zucker
1 Prise Salz
Mark von 1 Vanilleschote
5 Eier
200 g Mehl
100 g Speisestärke
1/2 TL Backpulver
4 EL Milch

Butter, Zucker, Salz und Vanillemark mit dem Rühraufsatz in den Mixtopf geben und (3 Min./Stufe 3) schaumig rühren. Die Eier einzeln dazugeben und jeweils (30 Sek./Stufe 3) unterrühren.

Mehl, Speisestärke und Backpulver (ggf. sieben), sowie die Milch dazugeben und (20 Sek./Stufe 2) unterrühren.

Die Masse in eine gefettete und bemehlte Form füllen und im vorgeheizten Backofen bei Ober-/Unterhitze 175 °C backen.

Tipp: Sie können die Sandmasse auch als Boden für einen Obstkuchen verwenden. Dazu die Masse in eine mit Backpapier ausgelegte Fettpfanne streichen und z. B. mit Apfelspalten, Birnenscheiben, Aprikosen usw. belegen.
Als Highlight passen dazu knusprige Streusel (siehe Seite 23).
Die Backzeit beträgt dann ca. 30 Minuten.

Schoko-Sandmasse
Verwenden Sie für eine Schoko-Sandmasse anstatt 100 g Speisestärke 50 g Kakaopulver und 50 g Speisestärke.

Sie können die Sandmasse auch mit Schoko-Stückchen, abgetropften Kirschen aus einem Glas oder gehackten Nüssen verfeinern. Einfach am Schluss kurz unterheben und wie gewohnt backen.

Deutsche Buttercreme

- 500 g Milch
- 1 Pck. Vanille-Puddingpulver
- Mark von 1 Vanilleschote
- 140 g Zucker
- 350 g weiche Butter

Milch, Puddingpulver, Vanillemark und Zucker mit dem Rühraufsatz in den Mixtopf geben und (6 Min./Stufe 2/100 °C) zu einem Pudding kochen. In eine Schüssel füllen, mit Frischhaltefolie abdecken und abkühlen lassen.

Die weiche Butter mit dem Rühraufsatz in den Mixtopf geben und (3 Min./Stufe 3) schaumig rühren. Den kalten Pudding nach und nach durch die Deckelöffnung dazugeben und nochmals (30 Sek./Stufe 4) verrühren.

Tipp: Die Buttercreme lässt sich ganz einfach geschmacklich variieren:

Rühren Sie einfach 50 g geschmolzene Kuvertüre unter die fertige Creme und schon erhalten Sie eine köstliche, schokoladige Variante.

Fruchtiger wird es, wenn Sie 3–4 EL Konfitüre (z. B. Kirsche, Himbeere oder Johannisbeere) unter die Creme rühren und mit etwas Zitronensaft abschmecken.

Die Buttercreme eignet sich als Füllung für Torten oder als Topping für Cupcakes.

Wer beim Backen gerne seine ganz persönliche Note einbringen will, versucht, so viel wie möglich selbst herzustellen und möglichst auf Fertigprodukte zu verzichten. Dank der modernen Thermoküchenmaschinen sind viele Dinge ganz einfach geworden, die vorher gar nicht möglich waren. Aber auch ohne diese Küchenhelfer lohnt es sich, weitgehend alles selbst zu machen. Man schmeckt es!

Konfitüre

Konfitüre ist beim Backen ein stetiger Begleiter. Zum Füllen von Torten, Keksen und Kuchen oder als „Glasur" für Plunderteilchen.

500 g Früchte nach Wahl (frisch oder TK), gewaschen und entsteint (falls nötig)
250 g Gelierzucker 2:1
Mark von 1/2 Vanilleschote
Saft von 1/2 Bio-Zitrone

Früchte in den Mixtopf geben und (5 Sek./Stufe 5) zerkleinern. Gelierzucker, Vanillemark und Zitronensaft dazugeben und (14 Min./Stufe 2/100 °C) kochen. Eine Gelierprobe machen. Dafür etwas von der Konfitüre auf einen kalten Teller geben, es sollte sich sofort ein Häutchen bilden.

Die Konfitüre in heiß ausgespülte Schraubgläser füllen, verschließen und 5 Minuten auf dem Deckel stehen lassen.

Tipp: Dieses Rezept funktioniert mit fast allen Früchten. Sie können entweder die Frucht pur zu Konfitüre verkochen oder aber verschiedene Sorten mischen. Bei Zitrusfrüchten und sehr sauren Früchten wie z. B. Maracuja sollten Sie ca. 10 % mehr Gelierzucker verwenden.

Sie können Ihre Konfitüre nach Belieben verfeinern, z. B. je nach Frucht mit ein paar Tropfen Rosenwasser, Bittermandel-Aroma, Kakaobohnenbruch, 2 EL Likör oder Gewürzen und Kräutern wie Chili, Zimt, Tonkabohne, Basilikum, Thymian oder Rosmarin.

Meine persönlichen Lieblings-Variationen sind: Erdbeer-Basilikum, Himbeer-Rose, Birne-Tonkabohne, Aprikose-Thymian, Rumtopf (Beerenfrüchte, Äpfel, Birnen usw. mit einem Schuss Rum). Werden Sie selbst kreativ und kochen Sie Ihre eigene Lieblingskonfitüre.

Aromatisierter Zucker

Zucker ist stark hygroskopisch, das heißt er zieht Feuchtigkeit an und bindet somit auch Aromen. Diese Eigenschaft können wir uns beim Backen zunutzemachen, indem wir unseren Zucker aromatisieren. So bekommt unser Gebäck eine ganz besondere Note.

Vanillezucker

1 Vanilleschote
150 g Zucker

Die Vanilleschote in Stücke schneiden und zusammen mit dem Zucker in ein Schraubglas geben. Mindestens 2–3 Tage durchziehen lassen. Je länger, desto besser!

Dann alles in den Mixtopf geben (Achtung: der Mixtopf muss absolut trocken und sauber sein!) und ca. (15 Sek./Stufe 10) pulverisieren.

In ein gut verschließbares Gefäß füllen. 1 EL entspricht ca. 1 Pck. fertigem Vanillezucker.

Tipp: Auf der Außenseite der Vanilleschoten stecken mehr Aromen als im Vanillemark selbst. Sie können also, immer wenn Sie eine Vanilleschote ausgekratzt haben, die Schote in ein Schraubglas mit Zucker geben und nach Bedarf Vanillezucker daraus herstellen. So wird das teure Produkt optimal verwertet.

Orangen- oder Zitronenzucker

1 Bio-Zitrone oder 1 Bio-Orange
150 g Zucker

Die Schale der Zitrone/Orange mit einem Sparschäler dünn abschälen. Unbedingt darauf achten, dass die weiße Innenschale nicht mit abgeschält wird, da diese bitter schmeckt.

Die Zitrusschalen sowie den Zucker in den Mixtopf geben und [15 Sek./Stufe 10] pulverisieren.

Den Zucker auf ein Backblech schütten und 2–3 Tage trocknen lassen.

Dann erneut in den Mixtopf geben und [20 Sek./Stufe 10] pulverisieren.

In ein gut verschließbares Gefäß füllen.

Apfel-Zimt-Zucker

1 Vanilleschote
200 g Zucker
1/2 TL gemahlener Zimt
50 g Apfelchips
1 EL Rundkornreis

Die Vanilleschote in Stücke schneiden und zusammen mit dem Zucker und Zimt in ein Schraubglas geben. Mindestens 2–3 Tage durchziehen lassen. Je länger, desto besser!

Diese Mischung mit den Apfelchips und dem Reis in den Mixtopf geben und [30 Sek./Stufe 10] pulverisieren.

In ein gut verschließbares Gefäß füllen.

Tipp: Der Reis im Zucker sorgt dafür, dass es nicht klumpt! Verwenden Sie unbedingt die trockenen Apfelchips und keine Dörr-Äpfel.

Großer **Genuss**

Widerstand ist zwecklos!

Ein festliches Ereignis, eine gesellige Kaffeerunde oder ein Feiertag im Familienkreis stehen bevor. Erwartungsvoll sitzen Ihre Gäste an der festlich gedeckten Tafel und freuen sich auf selbst gemachte Torten und Kuchen. Während die einen sich auf viel Sahne und köstliche Cremes freuen, mögen andere es lieber fruchtig oder begeistern sich für Schokolade. Welche Auswahl auch immer Sie Ihren Gästen servieren, in diesem Kapitel finden Sie die bunte Vielfalt, die für den großen Genuss steht.

Ob Sie sich für eine traditionelle Sachertorte, eine fruchtig-schokoladige Schoko-Birnen-Roulade, einen saftigen Apfelkuchen mit Walnusscreme oder eine erfrischende Käse-Sahne-Torte entscheiden oder lieber Bienenstich und Russischen Zupfkuchen auftafeln, auf den folgenden Seiten finden Sie eine Rezeptauswahl, die jeden glücklich macht und jedem festlichen Anlass gerecht wird.

Rezept zum Foto auf Seite 74

Exotische **Donauwelle**

Für 1 eckige Backform
(ca. 25 x 35 cm)

Für den Teig
160 g Zucker
3 Eier
175 g neutrales Öl
(z. B. Sonnenblumenöl)
175 g Milch
350 g Mehl, Type 405
1 Pck. Backpulver
30 g Kokosflocken
10 g Milch (1 EL)
15 g Kakaopulver
1 Dose Frucht-Cocktail
oder Exotischer Fruchtsalat
(250 g Abtropfgewicht)

Für die Creme
400 g Kokosmilch
100 g Maracujanektar
60 g Zucker
1 Pck. Vanille-Puddingpulver
50 g Kokosraspel
250 g weiche Butter

Für die Dekoration
Fruchtfleisch von 2 Mangos, gewürfelt
500 g Exotische Früchte nach Saison (z. B. Kiwi, Maracuja, Sternfrucht, Ananas, Physalis usw.)

■ Eine eckige Backform/Backrahmen fetten und mit Mehl bestäuben. Den Backofen auf Ober-/Unterhitze 175 °C vorheizen.

■ Für den Teig Zucker und Eier mit dem Rühraufsatz in den Mixtopf geben und (3 Min./Stufe 3) schaumig rühren. Öl und Milch hinzufügen und (20 Sek./Stufe 3) unterrühren. Mehl und Backpulver (evtl. sieben) sowie Kokosflocken dazugeben und (30 Sek./Stufe 2) zu einer glatten Masse rühren. Evtl. mit einem Schaber am Rand und Boden zusammenkratzen und nochmals kurz mischen. Etwa 2/3 des Teiges in der vorbereiteten Backform glatt verstreichen.

■ Restlichen Teig mit Kakaopulver und Milch (20 Sek./Stufe 2) vermengen und gleichmäßig auf dem hellen Teig verstreichen. Frucht-Cocktail in einem Sieb gut abtropfen lassen und auf dem Kuchen verteilen. Den Kuchen auf einem Gitterrost in den Backofen schieben und 50–60 Minuten backen. Mit einem Holzstäbchen mittig in den Kuchen einstechen. Kommt das Stäbchen trocken heraus, ist der Kuchen durch. Ansonsten weitere 5–10 Minuten backen und die Garprobe wiederholen. Kuchen vollständig auskühlen lassen.

■ Für die Creme Kokosmilch, Maracujanektar, Zucker und Vanille-Puddingpulver in den Mixtopf geben und (8 Min./Stufe 2/100 °C) zu einem Pudding kochen. In eine Schüssel geben, mit Frischhaltefolie abdecken und vollständig auskühlen lassen. Butter mit dem Rühraufsatz im Mixtopf (4 Min./Stufe 3) schaumig rühren. Den abgekühlten Kokospudding dazugeben und (1 Min./Stufe 2) unterrühren.

■ Die Kokoscreme gleichmäßig auf dem Kuchen verteilen. Mindestens 1 Stunde kalt stellen, dann den Kuchen aus der Form lösen. Mit Mangowürfeln und frischen Früchten dekorieren.

Tipp
Anstelle von Frucht-Cocktail können auch andere Früchte wie z. B. Ananas, Pfirsiche oder Litschis (frisch oder aus der Dose) in den Teig gegeben werden. Für Erwachsene bekommt die Donauwelle den besonderen Kick, wenn Sie am Schluss unter die Kokoscreme 50 g Kokoslikör mischen.

Käsekuchen
mit Pfirsichen

Für 1 Springform (26 cm)

600 g Mürbeteig
(siehe Grundrezept)

200 g Schlagsahne
125 g weiche Butter
220 g Zucker
1 Prise Salz
Mark von 1 Vanilleschote
3 Eier
1 Pck. Vanille-Puddingpulver
500 g Magerquark
200 g saure Sahne
1 Dose Pfirsiche (240 g Abtropfgewicht) oder 3 frische Pfirsiche

■ Mürbeteig nach Grundrezept zubereiten. Eine Springform fetten und mit dem Mürbeteig auslegen. Den Backofen auf Ober-/ Unterhitze 180 °C vorheizen.

■ Schlagsahne mit dem Rühraufsatz in den Mixtopf geben und (2 Min./Stufe 3) steif schlagen. (Je nach Sahnequalität, Temperatur und Gerätetyp kann es schneller gehen oder länger dauern. Bitte beobachten!) Sahne aus dem Mixtopf in eine Schüssel füllen.

■ Butter, Zucker, Salz und Vanillemark mit dem Rühraufsatz in den Mixtopf geben und (2 Min./Stufe 3) schaumig rühren. Eier einzeln hinzugeben und jeweils (30 Sek./Stufe 2) unterrühren. Vanille-Puddingpulver, Magerquark und saure Sahne hinzufügen und (30 Sek./Stufe 3) unterrühren. Die steif geschlagene Sahne hinzugeben und (20 Sek./Stufe 2) vorsichtig unterheben. Pfirsiche abtropfen und in Scheiben oder Würfel schneiden.

■ Käsekuchen-Masse ca. 2 cm dick in die Form füllen und glatt streichen. Die Pfirsiche darauf verteilen. Dann die restliche Masse einfüllen und glatt streichen.

■ Den Kuchen auf mittlerer Schiene ca. 20 Minuten backen. Herausnehmen und die Käsekuchenmasse am Rand mit einem scharfen, geölten Messer einschneiden. Einige Minuten ruhen lassen, dann in weiteren 40 Minuten fertig backen. Der Käsekuchen ist fertig, wenn er sich bei Druck mit der flachen Hand auf die Oberfläche stabil anfühlt. 1 Stunde abkühlen lassen, dann auf eine glatte Oberfläche stürzen und vollständig abkühlen lassen. Der fertige Kuchen kann nun z.B. mit Puderzucker und Pfirsichen dekoriert werden.

Tipps
Durch das Einschneiden des Käsekuchens und die kurze Ruhezeit außerhalb des Ofens reißt die Oberfläche nicht so leicht auf, da die Spannung genommen wird. Das vorsichtige Stürzen des Kuchens auf eine glatte Oberfläche verhindert, dass der Käsekuchen in sich zusammenfällt.
Der Käsekuchen kann gut abgewandelt werden, z.B. mit Mandarinen statt Pfirsichen und frischem Orangenabrieb. Wer es schokoladig mag, verwendet den Schoko-Mürbeteig und mischt 150 g gehackte Kuvertüre in die Käsemasse.

Johannisbeer-Baiser-Kuchen

Für 1 Springform (26 cm)

600 g Mürbeteig
(siehe Grundrezept)

200 g Eiweiß
150 g Zucker
1 Prise Salz
150 g Puderzucker
80 g Weichweizen-Grieß
45 g gehobelte Mandeln
450 g Johannisbeeren
(frisch oder TK)

■ Den Mürbeteig nach Grundrezept zubereiten. Eine Springform fetten und mit dem Mürbeteig auslegen. Den Backofen auf Ober-/Unterhitze 175 °C vorheizen.

■ Eiweiß, Zucker und Salz mit dem Rühraufsatz in den Mixtopf geben und (8 Min./Stufe 3/37 °C) steif schlagen. (Je nach Temperatur der Eier und Gerätetyp kann es schneller gehen oder länger dauern. Bitte beobachten!)

■ Gesiebten Puderzucker, Weichweizen-Grieß und gehobelte Mandeln dazugeben und (20 Sek./Stufe 2/Linkslauf) vorsichtig unterheben. Zuletzt die Johannisbeeren in den Mixtopf geben und (20 Sek./Stufe 2/Linkslauf) unterheben. Die Masse in die vorbereitete Springform füllen und glatt streichen.

■ Auf mittlerer Schiene auf einem Rost in den Backofen schieben und 30–40 Minuten backen. Der Kuchen ist fertig, wenn er goldbraun ist und auf Druck stabil erscheint. Den Kuchen vollständig auskühlen lassen. Aus der Springform lösen und z. B. mit Puderzucker und frischen Johannisbeeren dekorieren.

Tipp
Frische Johannisbeeren lassen sich sehr leicht mithilfe einer Gabel von den Rispen lösen. Zu dem säuerlichen Kuchen passt eine leicht gesüßte Vanillesahne.

Apfelkuchen mit **Walnusscreme**

Für 1 Tarteform (26–28 cm)

600 g Mürbeteig
(siehe Grundrezept)

1 kg Äpfel (ca. 6–8 Stck.)
20 g Zucker
1 TL gemahlener Zimt
Saft von 1/2 Zitrone

Für die Walnusscreme
100 g Walnüsse
50 g weiche Butter
50 g Zucker
1 Ei
1 TL gemahlener Zimt

Zur Dekoration
grob gehackte Walnüsse
Karamellsauce (siehe Seite 89)
nach Belieben

■ Den Mürbeteig nach Grundrezept herstellen und eine gefettete Tarteform damit auslegen. Den Backofen auf Ober-/Unterhitze 180 °C vorheizen.

■ Äpfel waschen, schälen, entkernen und in fingerdicke Scheiben schneiden. Mit Zimt, Zucker und Zitronensaft vermischen.

■ Für die Creme Walnüsse in den Mixtopf geben und (15 Sek./Stufe 8) fein hacken. Butter, Zucker, Ei und Zimt hinzufügen und (20 Sek./Stufe 3) zu einer homogenen Masse verarbeiten.

■ Die Walnussmasse in der vorbereiteten Tarteform verstreichen. Dann die Äpfel von außen nach innen ringförmig darauflegen. Etwaige Reste vom Mürbeteig als Streusel auf dem Kuchen verteilen und ein paar grob gehackte Walnüsse darüberstreuen.

■ Den Apfelkuchen auf mittlerer Schiene in den Ofen schieben und ca. 45 Minuten backen, bis er goldbraun ist. Anschließend auskühlen lassen. Dann nach Belieben mit Karamellsauce und Walnüssen dekorieren.

Tipp
Zum Backen eigenen sich einige Apfelsorten besser als andere. Ideal sind sogenannte „Kochäpfel", welche im rohen Zustand eher fade und sauer schmecken. Beim Backen entfalten sie erst ihr volles Aroma und bleiben zudem schön knackig. Zu den beliebtesten Sorten gehören z. B. Boskoop, Jonagold, Braeburn, Elstar oder Gala. Backen Sie ruhig auch mit mehreren Sorten auf einmal.

Linzer Torte

Für 1 Springform (26 cm)

150 g weiche Butter
160 g Zucker
1 TL gemahlener Zimt
1 TL Kakaopulver
1 Msp. gemahlene Nelken
Mark von 1 Vanilleschote
1 Prise Salz
2 Eier
200 g gemahlene Haselnüsse
250 g Mehl
1/2 Pck. Backpulver
3 EL Kirschwasser

Zum Bestreichen
300 g Himbeer-Konfitüre
1 Ei

■ Eine Springform fetten und leicht mehlen. Den Backofen auf Ober-/Unterhitze 170 °C vorheizen.

■ Butter, Zucker, Zimt, Kakao, Nelken, Vanillemark und Salz mit dem Rühraufsatz in den Mixtopf geben und (3 Min./Stufe 3) schaumig rühren. Eier einzeln dazugeben und je (30 Sek./Stufe 3) unterrühren.

■ Nüsse, Mehl, Backpulver und Kirschwasser hinzufügen und (40 Sek./Stufe 3) zu einer glatten Masse verrühren.

■ Gut die Hälfte des Teiges in die Springform geben und glatt streichen. Restlichen Teig in einen Spritzbeutel mit einer mittelgroßen Stern- oder Lochtülle füllen und am Rand entlang einen Ring aufspritzen.

■ Die Himbeer-Konfitüre glatt rühren, in den Teigring geben und glatt streichen. Den restlichen Teig gitterförmig auf die Konfitüre spritzen.

■ Das Ei verquirlen und mit einem weichen Backpinsel das Teiggitter vorsichtig bestreichen. Die Linzer Torte auf mittlerer Schiene in den vorgeheizten Backofen schieben und ca. 50 Minuten backen. Nach dem Auskühlen evtl. mit Puderzucker bestäuben.

Tipps
Anstelle von Himbeer-Konfitüre können Sie natürlich auch eine andere Konfitüre verwenden. Am besten passt Konfitüre aus säuerlichen, roten Früchten wie z. B. Johannisbeere oder Sie mischen verschiedene Sorten miteinander.
Besonders gut schmeckt die Linzer Torte, wenn sie einige Tage durchziehen konnte. Durch die Nüsse und Konfitüre bleibt sie lange saftig und frisch.

Rotwein-**Gewürzkuchen**

Für 1 Gugelhupfform

250 g weiche Butter
250 g Zucker
1 Prise Salz
6 Eier
125 g gemahlene Mandeln
100 g Mehl
60 g Kakaopulver
1 Pck. Schoko-Puddingpulver
1 Pck. Backpulver
1 TL gemahlener Zimt
1 Msp. gemahlene Nelken
150 g Rotwein

Für die Dekoration
100 g Puderzucker
3 EL Rotwein

■ Eine Gugelhupfform oder Kastenform fetten und mehlen. Den Backofen auf Ober-/Unterhitze 175 °C vorheizen.

■ Butter, Zucker und Salz mit dem Rühraufsatz in den Mixtopf geben und (3 Min./Stufe 3) schaumig rühren. Eier einzeln dazugeben und je (30 Sek./Stufe 3) unterrühren.

■ Mandeln, Mehl (evtl. sieben), Kakao, Puddingpulver, Backpulver, Zimt und Nelken zusammen mit dem Rotwein in den Mixtopf geben und alles (40 Sek./Stufe 3) zu einer homogenen Masse rühren. Die Masse in die Backform füllen und glatt streichen. Im vorgeheizten Backofen auf mittlerer Schiene ca. 40 Minuten backen. Mit einem Holzstäbchen tief in den Kuchen einstechen. Wenn noch etwas Teig am Stäbchen klebt, weitere 10 Minuten backen und erneut die Garprobe machen. Kuchen auskühlen lassen und aus der Form stürzen.

■ Für die Dekoration Puderzucker und Rotwein verrühren und den Kuchen damit glasieren.

Tipps
Wer es gerne fruchtig mag, kann z. B. über Nacht in Rotwein eingelegte Kirschen (ca. 200 g) mit in den Teig geben. Außerdem können Sie anstelle von Rotwein auch Glühwein verwenden, dann wird es noch würziger.
Wollen Sie für Kinder backen, ersetzen Sie den Wein durch Fruchtsaft (z. B. Kirsche oder Traube).

Zitronenkuchen
mit Holunderblüten

Für 1 Kastenform (25 cm)

2 Eier (Größe M)
200 g Zucker
1 Prise Salz
Saft und Abrieb von
2 Bio-Zitronen
150 g neutrales Speiseöl (z. B. Sonnenblumen- oder Rapsöl)
250 g Naturjoghurt 3,5 %
300 g Weizenmehl, Type 405
2 TL Backpulver

Zum Tränken
150 g Holunderblütensirup
50 g frisch gepresster Zitronensaft

Für den Guss
100 g Puderzucker
20 g Zitronensaft

■ Den Backofen auf Ober-/Unterhitze 180 °C vorheizen. Eine Kastenform dünn mit Öl auspinseln.

■ Eier, Zucker, Salz und Zitronenabrieb mit dem Rühraufsatz in den Mixtopf geben und (2 Min./Stufe 3) schaumig rühren. Öl und Joghurt hinzufügen und (20 Sek./Stufe 2) kurz unterrühren. Mehl und Backpulver (evtl. sieben) dazugeben und (30 Sek./Stufe 2) vermengen. Evtl. Mehlreste vom Rand mit einem Spatel abkratzen und nochmal kurz unterrühren. Die Masse in die gefettete Kastenform füllen.

■ Den Kuchen auf einem Gitterrost in den Backofen schieben und in 50–60 Minuten goldbraun backen. Mit einem Holzstäbchen mittig in den Kuchen einstechen. Kommt das Stäbchen trocken heraus, ist der Kuchen gar. Ansonsten weitere 5–10 Minuten backen und die Garprobe wiederholen.

■ Zum Tränken Holunderblütensirup und Zitronensaft verrühren. Den noch heißen Kuchen an mehreren Stellen mit einem Holzstäbchen einstechen. Mit einem Pinsel den Kuchen mit dem Sirup-Saft bestreichen. Den Kuchen noch ca. 15 Minuten in der Form ziehen lassen, dann auf ein Kuchengitter stürzen und auskühlen lassen.

■ Für den Guss Puderzucker mit Zitronensaft verrühren und den Kuchen damit bestreichen. Alternativ nur mit Puderzucker bestäuben.

Tipp
Der Kuchen kann gut einen Tag vorher gebacken werden, da er am zweiten Tag noch saftiger und aromatischer ist. Wer es noch fruchtiger mag, kann eine kleine Dose abgetropfte Mandarinen (Abtropfgewicht 175 g) in den Teig geben.

Eierlikör-**Mohn**-Kuchen

Für 1 Gugelhupfform (26 cm)

250 g weiche Butter
200 g Zucker
1 Prise Salz
4 Eier
300 g Mehl
1 Pck. Backpulver
150 g Eierlikör

2 Pck. Mohnback (à 250 g)
2 Eier
120 g Eierlikör

■ Eine Gugelhupfform fetten und mehlen. Den Backofen auf Ober-/Unterhitze 175 °C vorheizen.

■ Butter, Zucker und Salz mit dem Rühraufsatz in den Mixtopf geben und (3 Min./Stufe 3) schaumig rühren. Die Eier einzeln dazugeben und jeweils (30 Sek./Stufe 3) unterrühren. Mehl, Backpulver und Eierlikör hinzufügen und (40 Sek./Stufe 3) zu einer glatten Masse rühren.

■ Die Hälfte des Teiges in die Backform geben und glatt streichen. Zur restlichen Masse Mohnback, Eier und Eierlikör geben und (30 Sek./Stufe 3) verrühren. Die Mohnmasse in die Backform füllen. Mit einer Gabel die zwei Schichten leicht marmorieren.

■ Den Kuchen auf mittlerer Schiene auf einem Rost in den Backofen schieben und 50–60 Minuten backen, bis er goldbraun ist. Mit der Stäbchenprobe sicherstellen, dass der Kuchen durch ist.

■ Kuchen auskühlen lassen und aus der Form stürzen. Nach Belieben mit Schokoladen-Glasur bestreichen oder mit Puderzucker bestäuben.

Tipps
Mohnback können Sie ganz einfach selbst herstellen. Für 1 Beutel (250 g) nehmen Sie 125 g Mohn und mahlen diesen (30 Sek./Stufe 9). Dann geben sie 70 g Milch, 25 g Butter und 40 g Zucker hinzu. Das Ganze dann (5 Min./Stufe 2/90 °C) kochen. Nach 15 Minuten Quellzeit ist das Mohnback fertig. Nach dem Abkühlen kann es direkt verwendet werden.

„Backen" im Dampfgar-Aufsatz

Das „Backen" bzw. Garen von Gebäck und Süßspeisen im Dampfgar-Aufsatz ist für mich eine besonders innovative Methode. Die kleinen Köstlichkeiten werden hierbei in heißem Wasserdampf schonend gegart und bleiben dadurch saftig und aromatisch. Allerdings eignet sich nicht jedes Rezept für die Dampfgar-Methode. Am ehesten funktioniert es mit Rezepten, die relativ viel Ei enthalten und die nicht knusprig sein müssen (wie z. B. Kekse). Da der Dampfgar-Aufsatz deutlich kleiner ist als ein herkömmlicher Backofen, muss auch die Größe der Backformen an den Aufsatz angepasst werden. Hierfür eignen sich z. B. kleine Gläser, Tassen, Souffléformen oder auch Mini-Backformen und Silikonformen. Dementsprechend muss dann natürlich auch das jeweilige Rezept an die Größe der Form angepasst werden. Das „Backen" im Dampfgar-Aufsatz geht dann ganz leicht und quasi wie von selbst.

Zuerst wird der Mixtopf mit heißem Wasser gefüllt, dann kommen Deckel und Dampfgar-Aufsatz darauf. Das Gebäck nun in den Dampfgar-Aufsatz stellen. Dabei ist darauf zu achten, dass die Löcher im Boden des Aufsatzes nicht komplett verdeckt werden. Evtl. muss die Backform z. B. mit zwei Buttermessern unterlegt werden, sodass die Löcher wieder frei sind und der Dampf nach oben steigen kann. Um zu verhindern, dass kondensierendes Wasser auf das Gebäck tropft, sollte die Form mit Frischhaltefolie abgedeckt werden. Den Deckel für den Dampfgar-Aufsatz aufsetzen (sollte er nicht ganz schließen, kann er mit Frischhaltefolie umwickelt werden). Bei (Stufe 2/100 °C) wird das Wasser im Mixtopf zum Kochen gebracht. Je nach Rezept und Größe der Backform wird nun 30–90 Minuten im heißen Dampf gegart. Durch leichten Druck auf das Gebäck lässt sich prüfen, ob es bereits durch ist. Es sollte nicht mehr flüssig, sondern stabil sein und auf Druck leicht nachgeben.

Besonders toll finde ich diese Methode, da man ohne großen Energieaufwand auch kleine Kuchen ganz einfach zubereiten kann. Das ist perfekt z. B. für Singles, die sonst eher vor dem Backen zurückschrecken.

Die modernen Thermoküchenmaschinen sind großartige Multitalente. Auch wenn sich diese Methode erst mal ungewöhnlich anhören mag: Trauen Sie sich! Sie werden begeistert sein, wie sich Konsistenz, Struktur und Geschmack beim Dampfgaren positiv verändern.

Einige von meinen Rezepten eignen sich besonders gut für die Dampfgar-Methode, z. B. Rotwein-Gewürzkuchen (Seite 45), Russischer Zupfkuchen (Seite 52), Apfel-Blätterteig-Rosen (Seite 102), Lava-Küchlein (Seite 136), Quark-Soufflé (Seite 139) und Crème Brulée (Seite 140).

Russischer Zupfkuchen

Für 1 Springform (26 cm)

Für den Teig
200 g weiche Butter
150 g Zucker
1 Prise Salz
350 g Mehl
40 g Kakaopulver
2 Eier
1/2 Pck. Backpulver

Für die Füllung
180 g weiche Butter
200 g Zucker
1 Prise Salz
4 Eier
500 g Magerquark
Mark von 1 Vanilleschote
1 Pck. Vanille-Puddingpulver

■ Eine Springform fetten und mehlen. Den Backofen auf Ober-/Unterhitze 180 °C vorheizen.

■ Für den Teig Butter, Zucker, Salz, Mehl, Kakao, Eier und Backpulver in den Mixtopf geben und (30 Sek./Stufe 6) zu einem Teig verarbeiten. Aus dem Mixtopf nehmen und mit den Händen kurz durchkneten. Etwa 2/3 des Teiges ausrollen und die Springform damit auslegen. Den restlichen Teig zur Seite legen.

■ Für die Füllung Butter, Zucker, Salz, Eier, Quark, Vanillemark und Puddingpulver in den Mixtopf geben und (30 Sek./Stufe 5) verrühren. In die Springform füllen. Den restlichen Teig ausrollen und wie Kuhflecken auf die Füllung zupfen.

■ Den Kuchen auf mittlerer Schiene in den vorgeheizten Backofen schieben und ca. 60 Minuten backen. Nach dem Auskühlen aus der Form lösen und servieren.

Tipp
Dieser Kuchen eignet sich hervorragend für den Dampfgar-Aufsatz. Das Rezept wird hierfür halbiert und in eine 18 cm große Springform gefüllt. Wichtig ist hierbei, dass Sie den Kuchen mit Frischhaltefolie abdecken. Dann ca. (85 Min./Stufe 2/Dampfgar-Stufe) garen. (Erläuterungen zum Backen mit dem Dampfgar-Aufsatz siehe Seite 50)

Rührkuchen **mit Herz**

Für 1 Kastenform (30 cm)

Für Teig 1
250 g weiche Butter
250 g Zucker
4 Eier
250 g Mehl
1/2 Pck. Backpulver
rote Lebensmittelfarbe
(Pulver oder flüssig)

Für Teig 2
250 g weiche Butter
250 g Zucker
Mark von 1 Vanilleschote
Saft und Abrieb von 1 Bio-Zitrone
4 Eier
250 g Mehl
1/2 Pck. Backpulver

■ Backofen auf Ober-/Unterhitze 175 °C vorheizen. Zwei Kastenformen fetten und mehlen.

■ Für Teig 1 Butter und Zucker mit dem Rühraufsatz in den Mixtopf geben und (3 Min./Stufe 3) schaumig rühren. Eier einzeln dazugeben und je (30 Sek./Stufe 3) unterrühren. Mehl und Backpulver (evtl. sieben) hinzufügen und (20 Sek./Stufe 2) unterrühren. Den Teig mit roter Lebensmittelfarbe kräftig einfärben.

■ Den Teig in die Kastenform füllen, glatt streichen und in den vorgeheizten Backofen schieben. Etwa 45–50 Minuten backen (Stäbchenprobe machen). Den Kuchen vollständig auskühlen lassen. Dann aus der Form stürzen und in fingerdicke Scheiben schneiden. Mit einem Plätzchenausstecher aus jeder Scheibe ein Herz ausstechen.

■ Den zweiten Rührteig herstellen. Hierfür Butter, Zucker, Vanillemark, Zitronenabrieb und Saft mit dem Rühraufsatz in den Mixtopf geben und (3 Min./Stufe 3) schaumig rühren. Eier einzeln dazugeben und je (30 Sek./Stufe 3) unterrühren. Mehl und Backpulver (evtl. sieben) hinzufügen und (20 Sek./Stufe 2) unterrühren.

■ Etwa 1/3 des Teiges in die Kastenform füllen und glatt streichen. Die ausgestochenen Herzen dicht an dicht in einer Reihe in die Form setzen. Mit dem restlichen Teig die Kuchenform um die Herzen herum auffüllen. Den Kuchen in den vorgeheizten Backofen schieben. Etwa 45–50 Minuten backen (Stäbchenprobe machen).

■ Nach dem Auskühlen aus der Form stürzen. Evtl. mit Zuckerguss oder Schoko-Glasur dekorieren oder mit Puderzucker abstauben.

Tipp
Sie können den Rührteig beliebig einfärben und jede Form ausstechen, die Ihnen gefällt. Anstelle von Lebensmittelfarbe können Sie auch 20 g Kakaopulver und 1 EL Milch verwenden, um den Teig dunkel einzufärben.

Zwetschgenkuchen mit Zimtstreuseln

Für 1 Backblech

1 kg Hefeteig
(siehe Grundrezept)

Für den Belag
100 g Butterkekse
1 TL gemahlener Zimt
2 kg Zwetschgen
50 g Zucker
Mark von 1 Vanilleschote

Für die Zimtstreusel
75 g weiche Butter
75 g Zucker
100 g Mehl
1 TL gemahlener Zimt
1 Prise Salz

■ Den Hefeteig nach Grundrezept zubereiten und ca. 1 Stunde gehen lassen. Ein Backblech fetten und mehlen. Den Backofen auf Ober-/Unterhitze 180 °C vorheizen. Den Hefeteig nochmals von Hand durchkneten, ausrollen und auf das vorbereitete Backblech geben.

■ Für den Belag Butterkekse und die Hälfte des Zimts in den Mixtopf geben und (20 Sek./Stufe 6) mixen. Auf dem Hefeteig verteilen. Zwetschgen waschen, entsteinen und mit Zucker, dem restlichen Zimt und Vanillemark vermischen. Dann dachziegelartig auf dem Hefeteig verteilen.

■ Für die Streusel Butter, Zucker, Mehl, Zimt und Salz in den Mixtopf geben und (30 Sek./Stufe 6) verrühren. Die Streusel auf dem Kuchen verteilen. Den Kuchen auf mittlerer Schiene in den vorgeheizten Backofen schieben und 30–40 Minuten backen, sodass die Streusel goldbraun sind und der Hefeteig durch ist.

■ Besonders lecker schmeckt der Kuchen lauwarm mit frisch geschlagener Schlagsahne.

Tipp
Dieser Kuchen schmeckt auch wunderbar mit Äpfeln, Aprikosen, Pflaumen oder Birnen. Die Butterkekse sorgen dafür, dass die saftigen Früchte den Boden nicht durchweichen und ergeben zudem ein herrlich buttriges Aroma.

Rhabarberkuchen mit Schmandguss

Für 1 Springform (26 cm)

Für den Quark-Öl-Teig
200 g Mehl
1 TL Backpulver
90 g Zucker
90 g Magerquark
1 Ei
30 g Sonnenblumenöl
Mark von 1 Vanilleschote
1 Prise Salz

Für die Füllung
600 g Rhabarber
50 g gemahlene Mandeln

Für den Guss
125 g weiche Butter
125 g Zucker
250 g Schmand
1 Pck. Vanille-Puddingpulver
4 Eier
Mark von 1 Vanilleschote
1 Prise Salz

■ Eine Springform fetten und mehlen. Den Backofen auf Ober-/Unterhitze 175° C vorheizen. Alle Zutaten für den Quark-Öl-Teig in den Mixtopf geben und (2 Min./Knetstufe) zu einem glatten Teig verarbeiten. Etwa 5 Minuten im Mixtopf ruhen lassen. Dann den Teig auf einer bemehlten Arbeitsfläche ausrollen und die Springform damit auslegen.

■ Für die Füllung Rhabarber waschen, schälen und in ca. 2 cm dicke Streifen schneiden. Die Springform mit den gemahlenen Mandeln ausstreuen und den Rhabarber daraufgeben.

■ Für den Guss Butter, Zucker, Schmand, Puddingpulver, Eier, Vanillemark und Salz in den Mixtopf geben und (40 Sek./Stufe 3) zu einem Guss verrühren. Den Guss auf dem Kuchen verteilen. Dann in den vorgeheizten Backofen schieben und 50–60 Minuten backen. Falls er zwischenzeitlich zu dunkel wird, ggf. mit Alufolie abdecken.

■ Nach dem Auskühlen evtl. am Rand mit Puderzucker bestäuben.

Tipp
Wer möchte, kann ca. 1/3 des Rhabarbers durch Erdbeeren ersetzen. Das ergibt ein schönes Farbspiel und die süßen Erdbeeren harmonieren wunderbar mit dem säuerlichen Rhabarber und dem cremigen Schmand.

Aprikosen-Joghurt-Charlotte

Für 1 Torte (26 cm)

1 Biskuit für eine Roulade
(siehe Grundrezept)

400 g Aprikosen-Konfitüre
(siehe Grundrezept)

10 Blatt Gelatine
500 g Naturjoghurt 3,5 %
500 g Magerquark
150 g Zucker
Saft und Abrieb von 1 Bio-Zitrone

300 g frische Aprikosen oder aus der Dose (Abtropfgewicht 230 g)

■ Den Biskuit für eine Roulade nach Grundrezept zubereiten. Ein sauberes Küchentuch mit Zucker bestreuen und den noch warmen Biskuitboden darauf stürzen. Das Backpapier abziehen, den Biskuit mithilfe des Küchentuchs aufrollen und auskühlen lassen.

■ Eine große, runde Schüssel (ca. 26 cm) mit Frischhaltefolie auslegen.

■ Die Roulade wieder entrollen und mit der Aprikosen-Konfitüre bestreichen. Wieder einrollen und ca. 1 Stunde kalt stellen. Dann ca. 1 cm dünne Scheiben davon abschneiden und diese eng nebeneinander in die vorbereitete Schüssel legen.

■ Gelatine laut Packungsanweisung einweichen. Joghurt, Quark, Zucker, Zitronensaft und Zitronenabrieb mit dem Rühraufsatz in den Mixtopf geben und (30 Sek./Stufe 3) verrühren. Die Masse in eine Schüssel umfüllen.

■ Gelatine ausdrücken und in den Mixtopf mit Rühraufsatz geben. (30 Sek./Stufe 2/50 °C) auflösen. Esslöffelweise die Joghurtcreme durch die Deckelöffnung dazugeben und (Stufe 2) verrühren.

■ Frische Aprikosen waschen, entsteinen und in kleine Würfel schneiden, Dosenaprikosen abtropfen lassen. In den Mixtopf geben und (10 Sek./Stufe 2/Linkslauf) unterheben.

■ Die Creme in die vorbereitete Schüssel mit den Biskuitscheiben füllen. Mit den restlichen Biskuitscheiben den Boden bedecken. Mindestens 4 Stunden kühl stellen. Die Charlotte aus der Schüssel stürzen und evtl. mit Aprikosen und Minze dekorieren.

Tipp
Damit die Torte schön glänzt und länger frisch bleibt, kann sie außen mit klarem Tortenguss übergossen werden. Anstelle der Aprikosen eignen sich auch Erdbeeren oder Johannisbeeren. Dann einfach die Konfitüre zum Füllen der Roulade der Frucht in der Joghurtcreme anpassen.

Käse-Sahne-Torte mit Maracuja

Für 1 runde Torte (26 cm)

1/2 Biskuitboden
(siehe Grundrezept)

6 Blatt Gelatine

120 g Milch
150 g Zucker
4 Eigelb
1 Prise Salz
500 g Magerquark
400 g Sahne

Für den Guss
200 g Maracujanektar
1 Pck. klarer Tortenguss
2 EL Zucker
Fruchtfleisch von 1 Maracuja

■ Den Biskuit nach Grundrezept backen und abkühlen lassen. Anschließend in einen Tortenring legen.

■ Gelatine in kaltem Wasser einweichen und mindestens 5 Minuten quellen lassen. Milch, Zucker, Eigelbe und Salz mit dem Rühraufsatz in den Mixtopf geben und (3 Min./Stufe 2/80 °C) zu einem Fond kochen. Gelatine ausdrücken und zum heißen Fond geben und unterrühren (15 Sek./Stufe 2).

■ Den Quark in den Mixtopf geben und (30 Sek./Stufe 3) unterrühren. Die Quarkmasse in eine Schüssel umfüllen und den Mixtopf reinigen.

■ Die Sahne in den Mixtopf mit Rühraufsatz geben und (2 Min./Stufe 3) steif schlagen. (Je nach Sahnequalität, Temperatur und Gerätetyp kann es schneller gehen oder länger dauern. Bitte beobachten!) Sahne unter die Quarkmasse heben. Dann die Masse in den vorbereiteten Tortenring füllen. Die Torte für mindestens 4 Stunden oder über Nacht kühl stellen.

■ Für den Guss Maracujanektar, Tortengusspulver und Zucker in den Mixtopf geben und (10 Sek./Stufe 3) verrühren. Dann (4 Min./Stufe 2/100 °C) kochen. Maracujafruchtfleisch dazugeben und im Mixtopf (Stufe 2/60 °C) etwas abkühlen lassen.

■ Den Tortenguss gleichmäßig auf der Torte verteilen. Nach ca. 15 Minuten Kühlzeit die Torte aus dem Ring lösen. Alternativ nur 3/4 des Gusses auf die Torte streichen, restlichen Guss mit etwas geschlagener Sahne mischen, daraufsprenkeln und mit einer Gabel marmorieren.

Tipp
Natürlich kann die Käse-Sahne-Torte auch ganz klassisch ohne Maracujaspiegel zubereitet werden. Für die klassische Variante nehmen Sie einen ganzen Biskuitboden, halbieren diesen und bereiten das Rezept wie beschrieben zu. Nachdem die Quarkmasse eingefüllt wurde, den zweiten Boden auflegen und kühl stellen. Dann mit Puderzucker bestäuben.

Spanische **Vanilletorte**

Für 1 Springform (26 cm)

Für den Boden
200 g Zartbitter-Kuvertüre
7 Eiweiß
100 g Zucker
1 Prise Salz

100 g weiche Butter
300 g Marzipanrohmasse
7 Eigelb
50 g Zucker
Mark von 1 Vanilleschote
150 g Mehl
50 g gehackte Mandeln

Für die Creme
250 g Milch
3 Eigelb
1 Pck. Vanille-Puddingpulver
Mark von 1 Vanilleschote
2 Eiweiß
35 g Zucker
1 Prise Salz

■ Eine Springform fetten und mehlen. Den Backofen auf Ober-/Unterhitze 175 °C vorheizen. Für den Boden Kuvertüre in den Mixtopf geben und (10 Sek./Stufe 7) hacken. Den Kuvertürestaub mithilfe eines feinen Siebes entfernen. Mixtopf säubern.

■ Eiweiß, Zucker und Salz mit dem Rühraufsatz in den Mixtopf geben und (5 Min./Stufe 3/37 °C) steif schlagen. (Je nach Temperatur der Eier und Gerätetyp kann es schneller gehen oder länger dauern. Bitte beobachten!) Eischnee in eine Schüssel umfüllen.

■ Butter, Marzipanrohmasse, Eigelbe, Zucker und Vanillemark in den Mixtopf mit Rühraufsatz geben und (5 Min./Stufe 3) schaumig rühren. Eischnee, Mehl, Mandeln und Kuvertüre in den Mixtopf geben und (20 Sek./Stufe 2) unterheben. Die Masse in die vorbereitete Springform füllen, glatt streichen und ca. 50 Minuten backen. (Stäbchenprobe) Den Kuchen vollständig auskühlen lassen. Dann 2-mal waagerecht durchschneiden. Den unteren Boden zurück in die Springform legen.

■ Für die Creme Milch, Zucker, Eigelbe, Puddingpulver und Vanillemark mit dem Rühraufsatz in den Mixtopf geben und (5 Min./Stufe 2/100 °C) zu einem Pudding kochen. In eine Schüssel umfüllen und Mixtopf säubern. Eiweiß, Zucker und Salz mit dem Rühraufsatz in den Mixtopf geben und (3 Min./Stufe 3/37 °C) zu Schnee schlagen. Pudding dazugeben und (15 Sek./Stufe 2) unterrühren.

■ Die Hälfte des Puddings in die vorbereitete Springform füllen und glatt streichen. Den mittleren Boden auflegen und die restliche Masse darauf verteilen. Den letzten Boden auflegen und leicht festdrücken. Die Torte im Kühlschrank ca. 1 Stunde ruhen lassen. Dann aus der Springform lösen und nach Belieben z. B. mit Mandeln und Schokoladenraspeln dekorieren.

Tipp
Die Torte mit einer Decke aus Marzipan belegen. Was Sie dafür brauchen und wie Sie diese zubereiten, erfahren Sie auf Seite 142.

Sachertorte

Für 1 Springform (26 cm)

Für den Boden
7 Eiweiß
125 g Zucker
1 Prise Salz

250 g Zartbitter-Kuvertüre
250 g weiche Butter
7 Eigelb
125 g Zucker
250 g Mehl

Zum Füllen und Bestreichen
200 g Aprikosen-Konfitüre
(siehe Grundrezept)

Zum Tränken
100 g Wasser
100 g Zucker
50 g Rum

Für die Dekoration
Schokoladen-Glasur oder
Zartbitter-Kuvertüre

■ Eine Springform fetten und mehlen. Den Backofen auf Ober-/ Unterhitze 175 °C vorheizen.

■ Für den Boden Eiweiß, Zucker und Salz mit dem Rühraufsatz in den Mixtop geben und (8 Min./Stufe 3/37 °C) steif schlagen. (Je nach Temperatur der Eier und Gerätetyp kann es schneller gehen oder länger dauern. Bitte beobachten!) In eine Schüssel umfüllen.

■ Zartbitter-Kuvertüre in den Mixtopf geben und (20 Sek./ Stufe 5) hacken. Dann Rühraufsatz einsetzen und (2 Min./Stufe 2/50 °C) schmelzen. Butter, Eigelbe und Zucker dazugeben und (2 Min./Stufe 3) schaumig rühren. Mehl (evtl. sieben) hinzufügen und (20 Sek./Stufe 3) unterrühren. Die Masse zum Eischnee geben und vorsichtig unterheben. Dann in die vorbereitete Springform geben und glatt streichen.

■ Den Kuchen auf mittlerer Schiene in den Backofen schieben und 50–60 Minuten backen. (Stäbchenprobe machen!) Dann komplett auskühlen lassen. Zum Tränken Wasser und Zucker im Mixtopf (2 Min./Stufe 2/80 °C) erhitzen. Rum dazugeben und (10 Sek./Stufe 2) verrühren.

■ Den abgekühlten Tortenboden halbieren. Die untere Hälfte zurück in die Springform geben. Mit einem Backpinsel den Boden leicht mit der Rumtränke einstreichen. Mit 3/4 der glatt gerührten Aprikosen-Konfitüre bestreichen. Dann den zweiten Boden daraufsetzen und ebenfalls tränken. Etwa 1 Stunde kühl stellen. Mit der restlichen Aprikosen-Konfitüre den Kuchen rundum einstreichen. Zuletzt mit Schokoladen-Glasur oder Kuvertüre überziehen.

Tipp
Anstelle der Rumtränke können Sie die Sachertorte auch mit frisch gepresstem Orangensaft tränken, dann können auch Kinder mitessen. Die Orangennote passt außerdem sehr gut zur kräftigen Schokolade.

Eierlikör-**Sahnetorte**

Für 1 Springform (26 cm)

Für den Boden
100 g Zartbitter-Kuvertüre

6 Eiweiß
1 Prise Salz

80 g weiche Butter
80 g Zucker
6 Eigelb
200 g gemahlene Haselnüsse
1/2 Pck. Backpulver
50 g Eierlikör

Für die Eierlikör-Sahne
600 g Sahne
3 Pck. Sahnesteif
5 EL Eierlikör

Für die Dekoration
100 ml Eierlikör
100 g Schokoladenraspel

■ Eine Springform fetten und mehlen. Den Backofen auf Ober-/Unterhitze 175 °C vorheizen.

■ Die Zartbitter-Kuvertüre in den Mixtopf geben und (15 Sek./Stufe 6) grob hacken. In eine Schüssel umfüllen. Eiweiß und Salz mit dem Rühraufsatz in den sauberen und fettfreien Mixtopf geben und ca. (3 Min./Stufe 4) zu Schnee schlagen. In eine Schüssel umfüllen.

■ Butter mit dem Zucker in den Mixtopf mit Rühraufsatz geben und (3 Min./Stufe 3) schaumig rühren. Eigelbe dazugeben und (20 Sek./Stufe 3) unterrühren. Haselnüsse, Backpulver, Eierlikör und Kuvertüre dazugeben und (30 Sek./Stufe 2/Linkslauf) zu einer homogenen Masse rühren. Dann das geschlagene Eiweiß dazugeben und (10 Sek./Stufe 2/Linkslauf) unterheben.

■ Die Masse in die vorbereitete Springform füllen und glatt streichen. Auf mittlerer Schiene ca. 35–45 Minuten backen (Stäbchenprobe). Den Boden vollständig auskühlen lassen, aus der Springform lösen und in einen Tortenring legen.

■ Sahne, Sahnesteif und Eierlikör in den Mixtopf mit Rühraufsatz geben und (3 Min./Stufe 4) steif schlagen. (Je nach Sahnequalität, Temperatur und Gerätetyp kann es schneller gehen oder länger dauern. Bitte beobachten!) 2/3 der Sahne auf den vorbereiteten Eierlikörboden geben und glatt streichen. Die restliche Sahne in einen Spritzbeutel mit Sterntülle füllen und auf der Tortenoberfläche kleine Sahnetupfen als Umrandung spritzen. Torte ca. 1 Stunde kalt stellen.

■ Den Eierlikör in die Tortenmitte gießen und gleichmäßig verteilen. Evtl. den Rand der Torte mit Schoko-Raspeln verzieren.

Tipps
Die Eierlikörtorte ist glutenfrei und eignet sich deshalb auch für Allergiker.
Sie passt durch den cremigen Eierlikör perfekt auf die Ostertafel und kann z.B. mit kleinen Schoko-Eiern dekoriert werden. Am zweiten Tag wird sie noch saftiger!

Mandel-Dacquoise mit Orangencreme

Für 1 Springform (28 cm)

Für die Mandel-Dacquoise
5 Eiweiß
130 g Zucker
1 Prise Salz
150 g Puderzucker
120 g gemahlene Mandeln ohne Haut
40 g Mehl

Für die Orangencreme
150 g Butter
2 Blatt Gelatine
100 g Orangensaft
100 g Zucker
3 Eier
Abrieb von 1 Bio-Orange

500 g gemischte frische Beeren (z. B. Himbeeren, Erdbeeren, Blaubeeren, Johannisbeeren usw.)

Ein Dacquoise ist ein luftiger, leichter französischer Dessert-Kuchen. Der Boden erinnert an saftiges Makronen-Gebäck. Gefüllt mit einer zarten Creme und kombiniert mit frischen Früchten ist er ein absolutes Highlight auf jeder Kaffeetafel.

■ Eine Springform mit Backpapier belegen. Den Backofen auf Ober-/Unterhitze 150 °C vorheizen.

■ Für die Mandel-Dacquoise Eiweiß, Zucker und Salz mit dem Rühraufsatz in den Mixtopf geben und (10 Min./Stufe 3/37 °C) zu steifem Schnee schlagen. (Je nach Temperatur der Eier und Gerätetyp kann es schneller gehen oder länger dauern. Bitte beobachten!) Puderzucker, Mandeln und Mehl hinzufügen und (10 Sek./Stufe 2) unterheben.

■ Die Masse in einen Spritzbeutel mit großer Lochtülle geben. Zunächst eine Spirale auf den Boden der Springform spritzen. Dann am Rand große Tupfen spritzen. In den vorgeheizten Backofen schieben und 30–40 Minuten backen.

■ Für die Orangencreme Butter in kleine Würfel schneiden und einfrieren. Gelatine in kaltem Wasser einweichen und mindestens 5 Minuten quellen lassen. Orangensaft, Zucker, Eier und Orangenabrieb in den Mixtopf geben und (5 Min./Stufe 2/80 °C) kochen. Gelatine ausdrücken, zur Masse geben und (15 Sek./Stufe 2) auflösen. Dann die gefrorene Butter in die heiße Masse geben und (20 Sek./Stufe 6) mixen.

■ Die Orangencreme in eine Schüssel füllen und ca. 2 Stunden kalt stellen (dabei immer wieder umrühren). Dann die Creme in die Mitte des Mandel-Dacquoise geben und glatt streichen. Die Torte mit frischen Beeren dekorieren.

Tipp
Die Mandeln können zur Hälfte durch Kokosflocken, Pistazien oder Haselnüsse ersetzt werden. Der Kuchen sollte möglichst noch am selben Tag gegessen werden, da die Füllung sonst durchweicht.

Schoko-Birnen-Roulade

Für 1 Roulade

1 Schoko-Biskuit für eine Roulade (siehe Grundrezept)

4 Blatt Gelatine
150 g Zartbitter-Schokolade
125 g Milch
400 g Sahne
1 Dose Williams-Birnen (Abtropfgewicht 230 g)

■ Den Biskuit für eine Roulade nach Grundrezept zubereiten. Ein sauberes Küchentuch mit Zucker bestreuen und den noch warmen Biskuitboden darauf stürzen. Das Backpapier abziehen, den Biskuit mithilfe des Küchentuchs aufrollen und auskühlen lassen.

■ Gelatine in kaltem Wasser einweichen und mind. 5 Minuten quellen lassen. Zartbitter-Schokolade in den Mixtopf geben und (15 Sek./Stufe 7) hacken. Milch dazugeben und (3 Min./Stufe 2/60 °C) schmelzen. Ausgedrückte Gelatine hinzufügen und (20 Sek./Stufe 2) in der Schokomilch auflösen.

■ Die Schokomilch in eine Schüssel füllen und 20–30 Minuten kalt stellen. Immer wieder umrühren, bis das Ganze zu gelieren beginnt und die Masse etwas dicker wird.

■ Die Sahne mit dem Rühraufsatz in den Mixtopf geben und (3 Min./Stufe 3) steif schlagen. (Je nach Sahnequalität, Temperatur und Gerätetyp kann es schneller gehen oder länger dauern. Bitte beobachten!) Sahne mit einem Schneebesen unter die Schokomasse heben.

■ Die Biskuit-Roulade aufrollen und die Schokosahne gleichmäßig darauf verstreichen. Birnen abtropfen lassen und in Scheiben schneiden. Auf der Schokosahne verteilen. Dann die Biskuit-Roulade aufrollen (die offene Seite nach unten setzen, damit die Roulade nicht wieder aufgehen kann). Für mindestens 2 Stunden in den Kühlschrank stellen. Die fertige Roulade kann z. B. mit flüssiger Kuvertüre oder Schokoladenraspeln dekoriert werden.

Tipp
Zur kräftigen Schokoladennote passen anstelle der Birnen auch reife Bananen oder frische Himbeeren.
Für eine „Schwarzwälder-Kirsch"-Variante können sie 20 g Kirschwasser in die Schokosahne rühren, bevor sie diese auf der Roulade verstreichen. Dann ein Glas gut abgetropfte Sauerkirschen darauf verteilen und einrollen.

Erdbeer-Pistazien-Tarte

Für 1 Tarteform (28 cm)

600 g Mürbeteig
(siehe Grundrezept)

100 g weiche Butter
125 g Puderzucker
Mark von 1 Vanilleschote
60 g gemahlene Mandeln
ohne Haut
65 g gemahlene Pistazien
1/2 Pck. Vanille-Puddingpulver
1 EL Amaretto
200 g Joghurt
50 g gehackte Pistazien

500 g Erdbeeren

■ Den Mürbeteig nach Grundrezept zubereiten und eine Tarteform damit auslegen. Den Backofen auf Ober-/Unterhitze 175 °C vorheizen.

■ Butter, Puderzucker und Vanillemark mit dem Rühraufsatz in den Mixtopf geben und (3 Min./Stufe 3) schaumig rühren. Mandeln, Pistazien, Puddingpulver, Amaretto und Joghurt hinzufügen und (30 Sek./Stufe 3) unterrühren. Die Masse in die vorbereitete Tarteform füllen. Mit den gehackten Pistazien bestreuen.

■ Im vorgeheizten Backofen auf mittlerer Schiene in ca. 30 Minuten goldbraun backen. Dann vollständig auskühlen lassen.

■ Erdbeeren waschen, entstielen und evtl. halbieren. Die Tarte damit belegen.

Tipp
Die Tarte ist besonders köstlich, wenn sie einen Klecks frisch geschlagene Vanillesahne dazu servieren.
Wenn Sie wie im Bild eine eckige Tarteform (35 cm x 11 cm) verwenden möchten, bitte das Rezept halbieren!

Kirsch-**Wähe**

Für 1 Tarteform (28 cm)

250 g Blätterteig
(siehe Grundrezept)
350 g Kirschen (frische, entsteinte Kirschen oder abgetropfte aus dem Glas)

3 Eier
100 g Sahne
250 g Magerquark
1 Pck. Vanille-Puddingpulver
3 EL Zucker
1/2 TL gemahlener Zimt
1 Prise Salz

Die Wähe ist ein flacher Blechkuchen aus der Schweiz. Sie ist sehr schnell zubereitet und kann mit jeder Frucht variiert werden, die Sie gerne mögen.

■ Eine Tarteform fetten und mehlen. Den Backofen auf Ober-/Unterhitze 180 °C vorheizen.

■ Den Blätterteig nach Grundrezept vorsichtig ausrollen (oder das Fertigprodukt vorbereiten). Die Tarteform mit dem Teig bis zum Rand hoch auslegen. Die Kirschen in die Form geben.

■ Eier, Sahne, Quark, Puddingpulver, Zucker, Zimt und Salz in den Mixtopf mit Rühraufsatz geben und (1 Min./Stufe 3) verrühren. Den Guss auf die Kirschen gießen.

■ Die Wähe auf mittlerer Schiene auf einem Rost in den Backofen schieben und ca. 35–45 Minuten goldbraun backen.

■ Den Kuchen auskühlen lassen, aus der Form nehmen und z. B. mit Puderzucker und frischen Kirschen dekorieren.

Bienenstich

Für 1 Springform (28 cm)

400 g Hefeteig
(siehe Grundrezept)

Für den Belag
75 g weiche Butter
75 g Zucker
1 EL Honig
2 EL Sahne
100 g gehobelte Mandeln

Für die Füllung
5 Blatt Gelatine
500 g Milch
1 Pck. Vanille-Puddingpulver
70 g Zucker
500 g Sahne

■ Eine Springform fetten und mehlen. Den Backofen auf Ober-/ Unterhitze 180 °C vorheizen.

■ Den Hefeteig nach Grundrezept zubereiten und 1 Stunde gehen lassen. Dann nochmals leicht durchkneten und auf die Größe der Springform ausrollen. Den Teig in die Form legen und am Rand leicht andrücken. Mit einer Gabel mehrmals einstechen.

■ Für den Belag Butter, Zucker, Honig und Sahne in den Mixtopf geben und (3 Min./Stufe 2/90 °C) kochen. Mandelblättchen dazugeben und (10 Sek./Stufe 2/Linkslauf) unterheben. Dann die Masse auf dem Hefeteig verteilen. Nochmal ca. 20 Minuten abgedeckt an einem warmen Ort gehen lassen.

■ Den Bienenstich in den vorgeheizten Backofen schieben und in ca. 30 Minuten goldbraun backen. Vollständig auskühlen lassen, aus der Form lösen und halbieren. Für die Füllung Gelatine laut Packungsangabe einweichen.

■ Milch, Puddingpulver und Zucker mit dem Rühraufsatz in den Mixtopf geben und (6 Min./Stufe 2/100 °C) zu einem Pudding kochen. Gelatine ausdrücken, zum Pudding geben und (30 Sek./ Stufe 2) unterrühren. Pudding in eine Schüssel umfüllen, mit Frischhaltefolie abdecken und erkalten lassen.

■ Sahne mit dem Rühraufsatz in den Mixtopf geben und (3 Min./ Stufe 3) steif schlagen. (Je nach Sahnequalität, Temperatur und Gerätetyp kann es schneller gehen oder länger dauern. Bitte beobachten!) Den kalten Pudding dazugeben und (15 Sek./Stufe 2) unterrühren. Den unteren Boden in einen Tortenring legen. Die Füllung darauf verteilen und sofort den Tortendeckel daraufsetzen, ca. 1 Stunde kalt stellen.

Tipp
Da der obere Teil des Tortenbodens durch die Mandeln eher etwas härter ist, lässt sich die Torte schwer schneiden, ohne dass die Creme austritt. Daher ist es einfacher, den oberen Boden gleich in 14–16 Tortenstücke zu schneiden und dann die einzelnen Stücke auf die Creme zu legen.

Schoko-Himbeer-Cremetorte

Für 1 Springform (26 cm)

1 Schoko-Biskuit
(siehe Grundrezept)

300 g Milch
200 g TK-Himbeeren
1 Pck. Vanille-Puddingpulver
Mark von 1 Vanilleschote
140 g Zucker

350 g weiche Butter
400 g frische Himbeeren

Für die Dekoration
Schokoladen-Glasur
Schokoladenraspel
frische Himbeeren

■ Den Biskuitboden nach Grundrezept zubereiten, auskühlen lassen und 2-mal waagerecht durchschneiden. Die TK-Himbeeren auftauen. Den unteren Boden in einen Tortenring legen.

■ Milch, aufgetaute TK-Himbeeren, Puddingpulver, Vanillemark und Zucker in den Mixtopf geben und (30 Sek./Stufe 5) pürieren. Dann den Rühraufsatz einsetzen und (6 Min./Stufe 2/100 °C) zu einem Pudding kochen. In eine Schüssel füllen, mit Frischhaltefolie abdecken und abkühlen lassen.

■ Butter mit dem Rühraufsatz in den Mixtopf geben und (3 Min./Stufe 3) schaumig rühren. Den kalten Pudding nach und nach durch die Deckelöffnung dazugeben und nochmals (30 Sek./Stufe 4) verrühren.

■ Ein Drittel der Himbeercreme auf dem unteren Tortenboden verstreichen. Frische Himbeeren in die Creme drücken. Den zweiten Boden auflegen und den Vorgang wiederholen. Den letzten Boden darauflegen, andrücken und die Torte ca. 30 Minuten kalt stellen.

■ Die Torte aus dem Tortenring lösen und mit der restlichen Creme bestreichen. Nochmals ca. 30 Minuten kalt stellen. Mit flüssiger Schokoladen-Glasur, Schokoraspeln und Himbeeren dekorieren. Evtl. mit Puderzucker leicht bestäuben.

Tipp
Damit die Schokoladen-Glasur in gleichmäßigen Tropfen von der Torte läuft, die Glasur in einen Einwegspritzbeutel füllen. Ein kleines Loch vorne abschneiden und dann die Glasur vom Rand der Torte tropfen lassen. Zum Schluss die Oberfläche mit Glasur bestreichen.

Golden Peanut-
Caramel-Cake

Für 1 Torte (ca. 20 cm)

1 Schoko-Wiener-Boden
(ca. 20 cm, siehe Grundrezept;
1/2 Rezeptmenge!)

Für die Creme
200 g weiche Butter
100 g Zucker
20 g Erdnussbutter
200 g Frischkäse
100 g Blonde Schokolade

Für die Deko
Vollmilchschokoladen-Glasur
grob gehackte Erdnüsse
Macarons in Goldgelb, gefüllt mit
Karamellcreme (siehe Seite 96)

■ Wiener Boden laut Grundrezept zubereiten, auskühlen lassen und waagerecht in drei Teile schneiden.

■ Für die Creme Butter, Zucker und Erdnussbutter in den Mixtopf mit Rühraufsatz geben und (3 Min./Stufe 3) schaumig rühren. Den Frischkäse dazugeben und (20 Sek./Stufe 2) unterrühren. Zuletzt die Schokolade in der Mikrowelle oder im Wasserbad vorsichtig schmelzen und langsam durch die Deckelöffnung zu der Frischkäsemischung geben, dabei die ganze Zeit auf Stufe 3 rühren.

■ Einen Wiener Boden in einen Tortenring legen. Ein Viertel der Creme darauf verstreichen. Dann den zweiten Boden auflegen und das zweite Viertel der Creme darauf verteilen. Den letzten Boden auflegen und die Torte für ca. 1 Stunde kühl stellen.

■ Währenddessen die Macarons zubereiten und mit dem dritten Viertel der Creme füllen. Nun die Torte aus dem Ring lösen und mit dem letzten Viertel der Creme rundum einstreichen.

■ Für die Deko Vollmilchschokoladen-Glasur auf der Torte verteilen und in Tropfen am Rand herunterlaufen lassen. Mit gehackten Erdnüssen und Macarons dekorieren.

Tipp
Blonde Schokolade ist karamellisierte, weiße Schokolade. Immer mehr namhafte Marken bieten diese neue Geschmacksrichtung an. Die blonde Schokolade besticht durch einen leicht karamellartigen Keksgeschmack. Anstelle von blonder Schokolade können Sie aber auch Vollmilch-Schokolade verwenden.

Kleine **Köstlichkeiten**

Die schmecken immer!

Wenn die beste Freundin vorbeischaut, Ihnen am Sonntag die Eltern einen Besuch abstatten oder ein Kindergeburtstag bevorsteht, sind kleines Gebäck, trendige Törtchen und Mini-Kuchen oder Cookies schnell gebacken. Was relativ mühelos und ohne viel Aufwand auf den Tisch gezaubert ist, macht trotzdem groß was her. Kleine Köstlichkeiten, von denen man gleich mehrere zu Kaffee, Tee oder Schokolade genießen kann, werden immer beliebter. Auf den folgenden Seiten finden Sie Rezeptideen für jeden Anlass. Während Kinder sich vor allem über Cakepops, Cupcakes, Brownies oder Donuts freuen, werden andere Gäste bei erlesenen Macarons oder Petit Fours ins Schwärmen geraten. Wer es lieber traditionell mag, begeistert sich für Zimtschnecken, Mini-Frankfurter-Kranz und Windbeutel. Backen Sie einfach gleich mehrere Rezepte. Ihre Gäste werden bestimmt bald wieder vorbeikommen, um weitere Kreationen zu probieren.

Rezept zum Foto auf Seite 92

Chocolate-Peanut-Caramel-Cupcakes

Für 12 Cupcakes

Für den Teig
200 g Zartbitter-Schokolade
110 g Butter
100 g Zucker
2 Eier
170 g Milch
1/2 TL Salz
30 g Kakaopulver
250 g Mehl
2 TL Backpulver

Für das Frosting
100 g weiche Butter
100 g Frischkäse
150 g Erdnussbutter (ohne Stücke)
50 g Puderzucker
1 Prise Salz

Für die Dekoration
Karamellsauce (siehe Seite 89)
grob gehackte Erdnüsse

■ Den Backofen auf Ober-/Unterhitze 175 °C vorheizen. Das Muffinblech mit Papierförmchen auslegen oder fetten und mehlen. Zartbitter-Schokolade in den Mixtopf geben und (20 Sek./Stufe 8) hacken. In eine Schüssel umfüllen.

■ Für den Teig Butter grob würfeln, mit dem Rühraufsatz in den Mixtopf geben und schmelzen (2 Min./Stufe 2/60 °C). Zucker unterrühren (2 Min./Stufe 2/60 °C). Temperatur ausschalten. Eier einzeln zugeben und jeweils unterrühren (20 Sek./Stufe 3). Milch und Salz zufügen und (30 Sek./Stufe 3) einrühren.

■ Kakao, Mehl und Backpulver zugeben und in (30 Sek./Stufe 3) zu einer homogenen Masse verarbeiten. Zuletzt die Schokostücke unterheben (15 Sek./Stufe 3). Die Vertiefungen oder Papierförmchen gleichmäßig mit dem Teig füllen (maximal 3/4 voll). Das Muffinblech in den vorgeheizten Backofen schieben und die Cupcakes ca. 20–25 Minuten backen (Stäbchenprobe).

■ Für das Frosting Butter, Frischkäse, Erdnussbutter, Puderzucker und Salz in den Mixtopf mit Rühraufsatz geben und verrühren (3 Min./Stufe 3). Je nach Konsistenz nochmal ca. 20 Minuten in den Kühlschrank stellen. Das Frosting in einen Spritzbeutel mit Sterntülle füllen und die Cupcakes damit dekorieren. Zuletzt mit Karamellsauce beträufeln und grob gehackte Erdnüsse daraufstreuen.

Topping-Varianten

Vanille-Frosting
100 g weiche Butter mit dem Rühraufsatz in den Mixtopf geben und schaumig rühren (2 Min./Stufe 3). 100 g Puderzucker, 100 g Frischkäse und Mark von 1 Vanilleschote zugeben und (15 Sek./Stufe 2) unterrühren. Frosting vor dem Dekorieren nochmals ca. 20 Minuten kühlen.

Bananen-Frosting
250 g Bananensaft, 1/2 Pck. Vanille-Puddingpulver und 3 EL Zucker in den Mixtopf mit Rühraufsatz geben und (3 Min./Stufe 2/100 °C) zu einem Pudding kochen. In eine Schüssel füllen und abkühlen lassen. 150 g weiche Butter in den Mixtopf mit Rühraufsatz geben und schaumig rühren (2 Min./Stufe 2). Den kalten Bananen-Pudding dazugeben und (2 Min./Stufe 3) unterrühren. Zuletzt 200 g Mascarpone (15 Sek./Stufe 2) unterarbeiten.

Blueberry Muffins

Für 12 Muffins

125 g weiche Butter
125 g Zucker
Mark von 1 Vanilleschote
1 Prise Salz
2 Eier
200 g Naturjoghurt 3,5 %
1 Pck. Backpulver
300 g Mehl
250 g Heidelbeeren
(frisch oder TK)

■ Das Muffinblech mit Papierförmchen auslegen oder kleine Tassen bzw. Porzellanförmchen fetten und mehlen. Den Backofen auf Ober-/Unterhitze 175 °C vorheizen.

■ Butter, Zucker, Vanillemark und Salz mit dem Rühraufsatz in den Mixtopf geben und schaumig rühren (3 Min./Stufe 3). Eier einzeln dazugeben und jeweils (30 Sek./Stufe 3) unterrühren. Joghurt, Backpulver und Mehl hinzufügen und in (30 Sek./Stufe 3) zu einer homogenen Masse verarbeiten.

■ Die Heidelbeeren vorsichtig unterziehen (10 Sek./Stufe 2/ Linkslauf). Den Teig in die vorbereiteten Förmchen füllen (ca. 3/4 voll). Die Muffins in den vorgeheizten Backofen schieben und in ca. 30 Minuten goldbraun backen. Nach dem Abkühlen z. B. mit Puderzucker oder Zucker-Glasur dekorieren.

Tipp
Die Muffins schmecken auch lauwarm, z. B. mit einer Kugel Vanille-Eis und ergeben so ein herrliches Dessert.

Brownies

Für 1 Backrahmen (ca. 15 x 30 cm)

225 g weiche Butter
130 g Zartbitter-Kuvertüre
4 Eier
1/2 TL Salz
2 TL Instant-Kaffee
320 g Zucker
130 g Mehl
150 g gehackte Walnüsse

150 g ganze Walnüsse

■ Den Backrahmen fetten und auf ein Backblech mit Backpapier setzen. Den Backofen auf Ober-/Unterhitze 180 °C vorheizen.

■ Butter mit dem Rühraufsatz in den Mixtopf geben und (3 Min./Stufe 2/60 °C) zerlassen. Die Zartbitter-Kuvertüre zugeben und (3 Min./Stufe 2/60 °C) schmelzen. Eier, Salz, Instant-Kaffee und Zucker hinzufügen und (30 Sek./Stufe 5) verrühren.

■ Mehl unterarbeiten (30 Sek./Stufe 3). Zuletzt die gehackten Walnüsse dazugeben und (15 Sek./Stufe 3) unterheben. Die Masse in den vorbereiteten Backrahmen gießen. Mit den ganzen Walnüssen bestreuen.

■ Im vorgeheizten Backofen auf mittlerer Schiene ca. 40 Minuten backen. Der Brownie bleibt innen feucht und klebrig. Nach dem Abkühlen aus der Form lösen und in Würfel schneiden. Evtl. mit Schokoladen-Glasur dekorieren.

Tipp
Wer keinen Backrahmen besitzt, kann die Brownies auch in einer Kastenform (30 cm) oder in einer Springform (24 cm) backen. Am besten schmecken die Brownies, wenn sie noch lauwarm sind. Die abgekühlten Stücke lassen sich aber auch gut in der Mikrowelle aufwärmen (ca. 20 Sek./600 Watt). Anstelle der Walnüsse können Sie die Brownies z. B. mit 100 g Pistazien und 100 g getrockneten Cranberrys abwandeln.

Zimtschnecken

Für 6–8 Schnecken

Für den Hefeteig
250 g Milch
50 g Wasser
2 EL Zucker
1 Pck. Vanille-Puddingpulver
60 g weiche Butter
1 Ei
1 Pck. Trockenhefe
1/2 TL Salz
400 g Mehl

Zum Bestreichen/Bestreuen
100 g zerlassene Butter
100 g brauner Zucker
2 TL gemahlener Zimt

Für das Frosting
100 g weiche Butter
150 g Frischkäse
100 g Puderzucker
Mark von 1 Vanilleschote

■ Für den Hefeteig Milch, Wasser, Zucker und Puddingpulver in den Mixtopf mit Rühraufsatz geben und (3 Min./Stufe 2/100 °C) zu einem Pudding kochen. Butter zugeben und (20 Sek./Stufe 2) unterrühren. In eine Schüssel füllen und abkühlen lassen.

■ Den kalten Pudding, Eier, Hefe, Salz und Mehl in den Mixtopf geben und (5 Min./Knetstufe) zu einem glatten Hefeteig verarbeiten. In eine Schüssel umfüllen und ca. 1 Stunde abgedeckt an einem warmen Ort gehen lassen. Den Backofen auf Ober-/Unterhitze 200 °C vorheizen. Ein Backblech mit Backpapier belegen.

■ Den Hefeteig auf einer bemehlten Arbeitsfläche ca. 1 cm dick ausrollen. Den ausgerollten Teig mit flüssiger Butter bestreichen. Braunen Zucker und Zimt mischen und den Teig damit bestreuen. Dann eng aufrollen und in ca. 4 cm breite Stücke schneiden.

■ Die Zimtschnecken mit etwas Abstand auf das vorbereitete Backblech setzen. Nochmal 30 Minuten abgedeckt gehen lassen. Dann im vorgeheizten Backofen in ca. 20 Minuten goldbraun backen.

■ Für das Frosting alle Zutaten in den Mixtopf mit Rühraufsatz geben und (30 Sek./Stufe 3) verrühren. Das Frosting auf die noch heißen Zimtschnecken streichen.

Tipp
Warm schmecken die Zimtschnecken besonders gut. Sie lassen sich aber auch gut in der Mikrowelle aufwärmen (ca. 30 Sek./600 Watt). Gut passen dazu auch leicht geröstete Pekannüsse (als Topping oder direkt mit dem Zimtzucker als Füllung der Zimtschnecken).

American **Cookies**

Für 15–20 Cookies

200 g gehackte Vollmilch-Kuvertüre
250 g weiche Butter
100 g Zucker
120 g brauner Zucker
1/2 TL Salz
Mark von 1 Vanilleschote
2 Eier
280 g Weizenmehl, Type 405
1 TL Backpulver

200 g gehackte Vollmilch-Kuvertüre

■ Den Backofen auf Ober-/Unterhitze 190 °C vorheizen. Die Kuvertüre in den trockenen Mixtopf geben und (10 Sek./Stufe 7) hacken. In eine Schüssel füllen. Butter, Zucker, braunen Zucker, Salz und Vanillemark in den Mixtopf mit Rühraufsatz geben und schaumig rühren (2 Min./Stufe 3). Eier einzeln hinzugeben und jedes Ei (30 Sek./Stufe 3) unterrühren.

■ Mehl und Backpulver dazugeben und (1 Min./Stufe 3) zu einer homogenen Masse verarbeiten. Evtl. mit einem Schaber Mehlreste vom Rand zusammenkratzen und nochmals kurz unterrühren. Gehackte Kuvertüre (30 Sek./Stufe 3) unterrühren.

■ Den Teig esslöffelweise auf ein mit Backpapier belegtes Blech setzen (Abstand dazwischen lassen, da die Cookies sehr stark zerlaufen!). Je nach Ofen ca. 8–10 Minuten backen. Perfekt sind die Cookies, wenn die Ränder leicht braun sind und sie im Kern noch etwas feucht wirken. Die fertigen Cookies halten in einer luftdicht verschlossenen Dose und kühl gelagert ca. 4 Tage frisch.

Tipp
Zum Hacken und Mahlen von Nüssen/Kuvertüre und Früchten benutze ich immer den trockenen Mixtopf auf Stufe 8–10, bis das gewünschte Ergebnis erreicht ist.

Varianten

Cranberry-Pistazie
100 g gehackte, weiße Kuvertüre, je 50 g gehackte Pistazien und Cranberrys
Anstelle der Vollmilch-Kuvertüre am Schluss weiße Kuvertüre, Pistazien und Cranberrys dazugeben und (30 Sek./Stufe 3) un terrühren.

Walnuss-Schoko-Zimt
je 100 g gehackte Walnüsse und Zartbitter-Kuvertüre sowie 1 TL gemahlener Zimt
Anstelle der Vollmilch-Kuvertüre am Schluss Zartbitter-Kuvertüre, Walnüsse und Zimt (30 Sek./Stufe 3) unterrühren.

Banane-Schoko
50 g Kakaopulver, 100 g gehackte Bananenchips, 50 g gehackte Zartbitter-Kuvertüre
Das Kakaopulver zusammen mit dem Mehl unterrühren. Anstelle der Vollmilch-Kuvertüre am Schluss Zartbitter-Kuvertüre und Bananenchips (30 Sek./Stufe 3) unterrühren.

Für echte Naschkatzen wie mich können Törtchen, Kuchen, Torten und Desserts nicht üppig genug sein. Ein süßes Topping geht deshalb immer noch obendrauf! Die köstlichen Extras schmecken aber nicht nur gut, sie verleihen Gebäck oder Dessert oftmals den letzten Feinschliff. Mit Topping werden sie zum besonderen Highlight.

Und das alles kann man ganz einfach selbst herstellen. Im Trend sind momentan cremige Saucen (heiß oder kalt), die sowohl zu einem Dessert wie z. B. Eis oder zu einem einfachen Kuchen serviert werden können. Aber auch Klassiker wie knuspriges Krokant und hauchdünne Schokospäne sind aus der Welt der süßen Toppings nicht wegzudenken. Anstatt auf Fertigprodukte zurückzugreifen, mache ich diese Allrounder lieber selbst. Dann weiß man, welche Zutaten man benutzt und außerdem bringt es auch viel mehr Freude.

Im Folgenden finden Sie einige Rezeptbeispiele für die süßen Extras:

Toppings

Karamellsauce

Für die Sauce 210 g braunen Zucker, 20 g Wasser, 150 g Sahne, 150 g Butter, 1 Prise Salz und das Mark 1 Vanilleschote in den Mixtopf geben und [40–50 Min./Stufe 2/100 °C] ohne Deckel cremig einkochen lassen. Je länger sie gekocht wird, desto fester wird die Konsistenz. Die Sauce kann warm oder kalt serviert werden und passt z.B. toll zu Apfelkuchen, Schokoladenkuchen, Cupcakes oder zu Eis.

Fruchtspiegel

300 g Früchte, z.B. Erdbeeren, Himbeeren, Mango oder Waldfrüchte [entweder tiefgekühlt und aufgetaut oder frisch] zusammen mit 30 g Puderzucker in den Mixtopf geben und [30 Sek./Stufe 7] pürieren. Die Masse anschließend durch ein feines Sieb passieren, um Schalen und Kerne zu entfernen. Fruchtspiegel sind sehr köstliche und dekorative Saucen, die z.B. zu einfachen Desserts wie Crème Brulée, aber auch zu einem klassischen Käsekuchen schmecken.

Mandelkrokant

400 g geschälte, blanchierte Mandeln in den Mixtopf geben und [5 Sek./Stufe 5] grob hacken. 120 g Butter, 150 g Zucker und 4 EL Sahne dazugeben und [6 Min./Stufe 2/100 °C] erwärmen. In der Zwischenzeit den Backofen auf Ober-/Unterhitze 200 °C vorheizen und ein Backblech mit Backpapier belegen. Die Mandelmasse auf dem vorbereiteten Backblech verstreichen und ca. 7 Minuten im Ofen rösten. Dann die Mandeln wenden und weitere 7 Minuten rösten, bis alles goldbraun ist. Gut abkühlen lassen. Wem der Krokant noch zu grob ist, gibt die Mandeln nochmals in den Mixtopf und zerkleinert bei Stufe 6 bis zur gewünschten Größe. Der Krokant kann mit jeder Nusssorte hergestellt werden, z.B. Haselnüsse, Walnüsse, Macadamia usw.

Krokant ist ein tolles Topping für Kuchen, Torten und Nachspeisen. Wer die Nüsse im Ganzen lässt, erhält einen Knabbersnack, der süchtig macht!

Schokospäne

Einen Block Kuvertüre für einige Stunden in den Kühlschrank legen. Das untere Drittel der Kuvertüre in Frischhaltefolie wickeln, das schützt ihre Hände vor schmelzender Schokolade. Dann mit einem Sparschäler oder Hobel die Kuvertüre von oben nach unten abhobeln. Das ergibt hauchdünne, zartschmelzende Schokospäne, die als Topping zu fast allem passen. Am Besten in einer kleinen Schüssel im Kühlschrank aufbewahren.

Petits **Fours**

Für 15–20 Stück

Für den Boden
4 Eiweiß
85 g Zucker
1 Prise Salz
65 g Marzipanrohmasse
1 EL Wasser
4 Eigelb
Abrieb von 1 Bio-Zitrone
45 g Mehl
45 g Speisestärke
1 TL Backpulver

Für die Füllung
400 g Konfitüre (z. B. Himbeere, Erdbeere, Aprikose usw.)
100 g Marzipanrohmasse
50 g Puderzucker

Für die Dekoration
200 g Puderzucker
1 Eiweiß
1 EL Zitronensaft
Zuckerperlen, Zuckerblüten, Kuvertüre usw.

■ Den Backofen auf Ober-/Unterhitze 190 °C vorheizen. Ein Backblech mit Backpapier belegen. Für den Boden Eiweiß, Zucker und Salz in den Mixtopf mit Rühraufsatz geben und steif schlagen (5 Min./Stufe 3/37 °C). (Je nach Temperatur der Eier und Gerätetyp kann es schneller gehen oder länger dauern. Bitte beobachten!) In eine Schüssel füllen.

■ Marzipanrohmasse, Wasser, Eigelbe und Zitronenabrieb mit dem Rühraufsatz in den Mixtopf geben und schaumig rühren (5 Min./Stufe 3). Eischnee dazugeben und (10 Sek./Stufe 2) unterheben. Zuletzt Mehl, Speisestärke und Backpulver dazugeben und (15 Sek./Stufe 2) unterheben. Die Masse auf das vorbereitete Backblech streichen und im vorgeheizten Backofen in ca. 10–12 Minuten goldbraun backen. Kurz abkühlen, dann den Boden stürzen.

■ Nach dem Abkühlen vorsichtig das Backpapier abziehen und in den Boden 6 gleich große Teile schneiden. Mit Konfitüre bestreichen und aufeinandersetzen. Für die Füllung Marzipanrohmasse mit Puderzucker verkneten und dünn in Größe des Biskuit-Stapels ausrollen. Marzipan als oberste Schicht auf den Biskuit-Turm legen. Das Ganze auf ein Blech mit Backpapier stürzen und beschweren (z. B. mit einer Packung Milch), sodass die Böden aneinandergedrückt werden. Mindestens 4 Stunden (besser noch über Nacht) in den Kühlschrank stellen.

■ Dann den Biskuit-Turm wieder zurück stürzen, sodass die Marzipandecke oben ist. Die Ränder mit einem scharfen Messer glatt abschneiden. Den Turm in gleichmäßige Würfel von 3–4 cm Kantenlänge schneiden.

■ Für den Guss Puderzucker, Eiweiß und Zitronensaft in den Mixtopf mit Rühraufsatz geben und (1 Min./Stufe 3) verrühren. Petit Fours auf ein Kuchengitter setzen und mit dem Guss übergießen. Dann sofort dekorieren, z. B. mit Zuckerperlen, Zuckerblüten, Kuvertüre, Marzipan usw. Nach einer Trocknungszeit von ca. 2 Stunden die Petit Fours vorsichtig (evtl. mithilfe eines Messers) vom Gitter lösen und in Papierförmchen setzen.

Tipp
Der Guss kann mit Lebensmittelfarben bunt eingefärbt werden. Am schönsten sind Petit Fours in Pastellfarben wie Rosa, Hellgrün oder ganz klassisch in Weiß. Bei der Dekoration sind der Fantasie keine Grenzen gesetzt. Mit Buchstaben aus Marzipan oder Kuvertüre kann man sogar eine süße Botschaft verschenken.

Cakepops

Für ca. 35 Stück

550 g heller Sandkuchen oder Biskuit (siehe Grundrezept) oder Kuchenreste
200 g Frischkäse (Doppelrahmstufe)
Abrieb von 1 Bio-Zitrone
1 Prise Salz
500 g weiße Kuvertüre
10 g Sonnenblumenöl

Für die Dekoration
Lebensmittelfarben, Marzipan, Zuckerperlen usw.

35–40 Lolli-Stäbchen
1 Stück Styropor zum Hineinstecken der Cakepops

■ Sandkuchen oder Biskuit in grobe Stücke brechen, in den Mixtopf geben und zerbröseln (20 Sek./Stufe 6). Frischkäse, Zitronenabrieb und Salz zugeben und (20 Sek./Stufe 4) vermischen. Aus der Masse mit den Händen gleichmäßige Kugeln (ca. 15–20 g) formen und auf ein Blech mit Backpapier legen. Lolli-Stäbchen vorsichtig in die Kugeln stecken. Dann das Blech für mindestens 4 Stunden in den Kühlschrank stellen oder 1 Stunde frosten.

■ Weiße Kuvertüre im Wasserbad oder in der Mikrowelle vorsichtig schmelzen (max. 35 °C). Dann das Sonnenblumenöl unterrühren. Cakepops aus dem Kühlschrank holen und einzeln in die Kuvertüre tauchen. Etwas abtropfen lassen und zum Trocknen in das Styropor stecken.

■ Solange die Kuvertüre noch weich ist, die Cakepops nach Lust und Laune dekorieren, z. B. mit Zuckerperlen, Marzipanblüten, Schokostreuseln usw.

Tipp
Cakepops eigenen sich hervorragend zur Verwertung von Kuchenresten. Probieren sie verschiedene Varianten, indem sie z. B. den Zitronenabrieb durch Gewürze wie Zimt oder Vanille ersetzen. Außerdem können sie z. B. 50 g fein gehackte Schokolade oder Nüsse hinzufügen. Auch für Kinder ist das Rollen, Dekorieren und Naschen der Cakepops ein riesiger Spaß!

Variante

Krümelmonster-Cakepops

200 g Kristallzucker, blaue Lebensmittelfarbe (Pulver), 50 g Rollfondant (weiß und braun), 20 g Zartbitter-Kuvertüre

Cakepops wie oben beschrieben zubereiten. Kristallzucker mit blauer Lebensmittelfarbe mischen. Cakepops in die weiße Kuvertüre tauchen, leicht abtropfen lassen und sofort rundum mit dem blauen Zucker bestreuen. Zum Trocknen in das Styropor stecken. Aus weißem Rollfondant kleine Kugeln für die Augen formen. Mit weißer Kuvertüre auf den Cakepops ankleben. Zartbitter-Kuvertüre schmelzen. Mit einem kleinen Spritzbeutel oder Pinsel die Pupillen und den Mund aufmalen. Aus braunem Rollfondant Kekse formen und mit Kuvertüre am Mund des Krümelmonsters anbringen.

Nuss-Nougat-Rolle im Glas

Für 6 (Weck-)Gläser à 250 ml

1 Hefeteig (siehe Grundrezept)

Für die Füllung
2 Eier
75 g Zucker
200 g gemahlene Haselnüsse
50 g weicher Nougat
1/2 TL gemahlener Zimt
1 EL Amaretto

Für die Dekoration
100 g Puderzucker
1 EL Amaretto
evtl. Nusskrokant

■ Den Hefeteig nach Grundrezept zubereiten und gehen lassen. Den Backofen auf Ober-/Unterhitze 190 °C vorheizen. Die Gläser fetten und auf ein Backblech stellen.

■ Für die Füllung Eier und Zucker mit dem Rühraufsatz in den Mixtopf geben und schaumig rühren (3 Min./Stufe 3). Gemahlene Nüsse, Nougat, Zimt und Amaretto dazugeben und (1 Min./ Stufe 3) verrühren.

■ Den Hefeteig nochmals kurz mit der Hand durchkneten und auf einer bemehlten Arbeitsfläche fingerdick ausrollen (ca. so groß wie ein Backblech). Die Nuss-Nougat Füllung darauf verstreichen, am oberen Rand (lange Seite) ca. 1 cm frei lassen.

■ Den Hefeteig von der langen Seite her eng aufrollen. Dann mit einem scharfen Messer in in 6 Teile schneiden. Diese in die Gläser geben und abgedeckt nochmals ca. 15 Minuten gehen lassen. Dann in den vorgeheizten Ofen schieben und in ca. 25–30 Minuten goldbraun backen.

■ Für den Guss Puderzucker mit Amaretto verrühren. Die lauwarmen Teilchen damit bestreichen und evtl. mit Nusskrokant dekorieren.

Tipp
Kuchen im Glas sind ein dekorativer Blickfang auf jeder Kaffee-Tafel. Außerdem eignen sie sich hervorragend, wenn man den Kuchen längere Zeit frisch halten will. Dazu müssen die Gläser allerdings sofort luftdicht verschlossen werden, wenn sie aus dem Ofen kommen. Es entsteht so ein Vakuum und der Kuchen wird für 3–4 Monate konserviert. Die Glasur kann dann natürlich erst nach dem Öffnen des Glases aufgebracht werden.

Macarons

Für 30–40 Stück

Für die Macaronschalen
100 g gemahlene Mandeln ohne Haut
100 g Puderzucker
37 g Eiweiß (exakt abwiegen!)
rote Lebensmittelfarbe (Pulver)
37 g Eiweiß (exakt abwiegen!)
100 g Zucker
25 g Wasser

Für die Füllung
300 g Zartbitter-Kuvertüre
250 g Sahne
200 g Johannisbeer-Konfitüre

■ Für die Füllung Kuvertüre in den Mixtopf geben und (15 Sek./Stufe 8) zerkleinern. Mit einem Spatel vom Rand zusammenkratzen. Sahne dazugeben und (3 Min./Stufe 3/100 °C) erhitzen. Nochmals kurz (10 Sek./Stufe 8) homogenisieren. In eine Schüssel füllen und über Nacht im Kühlschrank fest werden lassen.

■ Für die Macaronschalen gemahlene Mandeln und Puderzucker in den Mixtopf geben und pulverisieren (10 Sek./Stufe 10). 37 g Eiweiß und rote Lebensmittelfarbe dazugeben und (30 Sek./Stufe 3) vermischen. In eine Schüssel füllen und Mixtopf gründlich reinigen.

■ Mehrere Backbleche mit Backpapier belegen. Die anderen 37 g Eiweiß mit dem Rühraufsatz in den Mixtopf geben und auf Stufe 2–3 anschlagen. Währenddessen Zucker und Wasser in einen kleinen Kochtopf geben und bei mittlerer Hitze kochen. Mit einer Metall-Öse (z. B. von einer Pralinengabel oder den Griff einer Schere) in den Zuckersirup eintauchen. Ähnlich wie beim Seifenblasenmachen sollte sich eine „Haut" in der Mitte der Öse bilden, die beim Durchblasen eine Zuckerblase bildet. Dann hat der Sirup ca. 118 °C und ist fertig. ACHTUNG: Der Sirup ist sehr heiß, daher unbedingt allergrößte Vorsicht! Wer ein Zucker-Thermometer hat, kann auch so die Temperatur kontrollieren.

■ Diesen Sirup durch die Deckelöffnung in einem feinen Strahl zu dem angeschlagenen Eiweiß geben, das Rührwerk muss währenddessen laufen (Stufe 3). Das Eiweiß weitere (3 Min./Stufe 3) steif schlagen. (Je nach Temperatur der Eier und Gerätetyp kann es schneller gehen oder länger dauern. Bitte beobachten!)

■ Den noch lauwarmen Eischnee nun mit einem Teigschaber nach und nach unter die Mandel-Puderzucker-Mischung heben. Die Masse in einen Spritzbeutel mit Lochtülle füllen. Auf das mit Backpapier belegte Blech kleine Tupfen (Ø ca. 2–3 cm) spritzen. Die Macarons 30–45 Minuten trocknen lassen.

■ In der Zwischenzeit den Backofen auf 160 °C Umluft vorheizen. Die angetrockneten Macarons in den Backofen schieben (immer nur 1 Blech) und 10–12 Minuten backen. Sie sollen keine Bräunung bekommen!

■ Nach dem Auskühlen die Macarons füllen. Für ein Macaron werden 2 Hälften benötigt. Zuerst die Schokoladenfüllung in einen Spritzbeutel füllen und einen Ring auf die Hälfte der Macarons spritzen. Dann die Johannisbeer-Konfitüre in einen Spritz-

beutel geben und einen Tupfen in die Mitte des Schoko-Rings setzen. Mit einer zweiten Macaron-Hälfte zusammensetzen.

Tipp
Die Macarons können in jeder Farbe eingefärbt werden. Wichtig hierbei ist, dass nur Pulverfarben verwendet werden.
Zum Füllen eignen sich Konfitüre, Buttercreme, Schokoladen-Ganache oder auch Lemon Curd.
Außerdem lassen sich die kleinen Teilchen sehr gut einfrieren [gefüllt oder ungefüllt]. Sie tauen innerhalb von nur 10 Minuten wieder auf und sind so perfekt für Überraschungsgäste.

Kirsch-Mohn-**Zöpfchen**

Für ca. 6 eckige Papier-Backförmchen

ca. 500 g Hefeteig
(siehe Grundrezept)

Für die Füllung 1
125 g Mohn
70 g Milch
25 g weiche Butter
40 g Zucker
70 g Marzipanrohmasse

Für die Füllung 2
200 g Kirsch-Konfitüre
(mit Fruchtstücken)
1 EL Kirschwasser

Puderzucker

■ Den Hefeteig nach Grundrezept zubereiten und gehen lassen.

■ Für die Füllung 1 den Mohn in den Mixtopf geben und mahlen (30 Sek./Stufe 9). Milch, Butter und Zucker hinzufügen und das Ganze (5 Min./Stufe 2/90 °C) kochen. Etwa 15 Minuten im Mixtopf quellen lassen. Dann die Marzipanrohmasse in Stücken dazugeben und (20 Sek./Stufe 5) unterrühren. Mohnfüllung komplett abkühlen lassen.

■ Den Hefeteig nochmals kurz mit der Hand durchkneten und auf einer bemehlten Arbeitsfläche fingerdick ausrollen (ca. so groß wie ein Backblech). Die Mohnfüllung darauf verstreichen, am oberen Rand (lange Seite) ca. 1 cm frei lassen. Für die Füllung 2 Kirsch-Konfitüre mit Kirschwasser verrühren und auf der Mohnfüllung verstreichen.

■ Den Hefeteig von der langen Seite her eng aufrollen. Dann die Rolle mit einem scharfen Messer der Länge nach durchschneiden. Die beiden Stränge vorsichtig ineinander verschlingen (wie bei einer Kordel). In 6 Teile schneiden und diese in die Papier-Förmchen legen. Abgedeckt nochmals ca. 15 Minuten gehen lassen.

■ In der Zwischenzeit den Backofen auf Ober-/Unterhitze 190 °C vorheizen. Die Zöpfchen auf einem Blech in den Backofen schieben und in ca. 25–30 Minuten goldbraun backen. Nach dem Abkühlen mit Puderzucker bestäuben.

Tipp
Hefegebäck schmeckt frisch besonders gut, da es sehr schnell austrocknet. Die Mini-Zöpfchen können auch ungebacken eingefroren werden. Dann sollten sie einige Stunden vor Gebrauch oder über Nacht im Kühlschrank in Folie gewickelt aufgetaut werden. So haben Sie immer ein frisches Gebäck zur Hand.

Mini-Donuts
(Cookie and Cream)

Für ca. 20 Mini-Donuts

255 g Milch
25 g Zucker
3 Eigelb
400 g Mehl
1/2 Pck. Trockenhefe
1 TL Salz
1/2 TL gemahlener Zimt
50 g weiche Butter

2 l Öl zum Frittieren

Schokoladen-Glasur weiß und dunkel
Schoko-Milchcreme-Kekse

■ Milch und Zucker in den Mixtopf geben und (2 Min./Stufe 2/37 °C) erhitzen. Eigelbe dazugeben und (15 Sek./Stufe 2) unterrühren. Mehl, Trockenhefe, Salz, Zimt und Butter dazugeben. Alles zu einem elastischen Teig verarbeiten (6 Min./Knetstufe). Aus dem Mixtopf holen und mit einem Tuch abgedeckt ca. 10 Minuten „entspannen" lassen.

■ Den Teig ca. 1 cm dick ausrollen. Mit einem runden Plätzchenausstecher oder einem kleinen Glas von etwa 4–5 cm Durchmesser Ringe ausstechen. Mit dem Finger ein Loch in die Mitte drücken. Die Donuts auf ein gefettetes Backblech setzen und abgedeckt ca. 1 Stunde gehen lassen.

■ Öl mindestens 7 cm hoch in einen Topf füllen und auf dem Herd auf mittlerer Stufe erhitzen. Je nach Topfgröße ca. 4–6 Donuts in das heiße Öl geben und von jeder Seite 2–3 Minuten goldbraun frittieren. Danach mit einer Schaumkelle herausholen und auf Küchenpapier abtropfen und abkühlen lassen.

■ Anschließend mit Schokoladen-Glasur und zerkrümelten Keksen dekorieren.

Tipp
Das Öl darf nicht zu heiß sein, sonst verbrennen die Donuts außen, und im Innern bleiben sie roh. Ideal ist eine Temperatur von ca. 175 °C. Wer eine Fritteuse hat, kann die Donuts auch darin frittieren. Die Fett-Temperatur lässt sich so leichter einstellen. Wer gerne ein paar Kalorien sparen will, kann die Donuts auch im Backofen bei 180 °C ca. 10 Minuten backen. Es gibt auch spezielle Donuts-Backformen, ähnlich wie Muffinformen, in denen die Donuts im Backofen gebacken werden.

Apfel-Blätterteig-**Rosen**

Für ca. 8 Stück

500–600 g Blätterteig
(siehe Grundrezept)

60 g Zucker
1 TL gemahlener Zimt
4 große, rote Äpfel
Saft von 1 Zitrone

■ Blätterteig nach Grundrezept zubereiten und auf zwei Mal ausrollen (ca. 40 cm x 25 cm). Zucker und Zimt mischen.

■ Die Äpfel waschen. Links und rechts vom Kerngehäuse abschneiden. Dann in dünne Scheiben schneiden. Die Apfelscheiben mit Zitronensaft beträufeln.

■ Den Mixtopf mit 1 l Wasser füllen. Den Deckel und den Dampfgar-Aufsatz aufsetzen. Die Apfelscheiben in den Dampfgarer legen und (3 Min./100 °C) dünsten. Dann gut abkühlen lassen. Den Backofen auf Ober-/Unterhitze 190 °C vorheizen.

■ Den Blätterteig in Steifen von ca. 6 cm x 40 cm schneiden und mit Zimtzucker bestreuen. Jeden Blätterteigstreifen von links nach rechts fächerartig mit den Apfelscheiben belegen. Dann den Teig von unten über die Apfelscheiben klappen und leicht festdrücken. Von links beginnend zu einer Rolle aufrollen und in ein mit Papierförmchen ausgelegtes Muffinblech setzen.

■ Im vorgeheizten Backofen ca. 25–30 Minuten backen, bis die Apfelscheiben oben etwas braun werden. In der Form auskühlen lassen.

Tipp
Die Blätterteig-Rosen noch am selben Tag essen. Der Blätterteig wird sonst zu trocken. Sollten doch noch Reste übrig bleiben: Die Röschen für 20 Sekunden in die Mikrowelle geben und lauwarm essen, dann schmecken sie wieder frisch.
Wer möchte, kann zusätzlich zum Zimtzucker in Rum eingelegte Rosinen oder gehackte Nüsse in die Röschen einrollen.
Statt im Dampfgar-Aufsatz können die Apfelscheiben auch in der Mikrowelle oder in einem Topf gedünstet werden (siehe Seite 12).

Erdbeer-Schiffchen

mit süßem Basilikum-Minz-Pesto

Für 9 Stück

ca. 300 g Blätterteig
(siehe Grundrezept)

Für das Pesto
1 Bund Basilikum
1/2 Bund Minze
50 g gemahlene Mandeln ohne Haut
50 g Pistazien
50 g Puderzucker
Saft von 1 Zitrone

500 g Erdbeeren
gehackte Pistazien

■ Blätterteig nach Grundrezept zubereiten und auf 3–4 mm ausrollen (ca. 21 x 24 cm). Evtl. muss der Blätterteig doppelt genommen werden, um auf die Dicke zu kommen.

■ Den Backofen auf Ober-/Unterhitze 200 °C vorheizen. Die Blätterteigplatte in 9 gleich große Vierecke von ca. 7 x 8 cm schneiden. Dann jeweils mittig einschneiden und zwei gegenüberliegende Ecken durch den Schlitz nach innen klappen (siehe Seite 29).

■ Die Blätterteig-Schiffchen mit etwas Abstand auf ein Blech mit Backpapier setzen. In den vorgeheizten Backofen schieben und in ca. 20 Minuten goldbraun backen. Auf dem Blech abkühlen lassen.

■ Für das süße Pesto Basilikum und Minze waschen und gut trocken tupfen, die Blätter abzupfen. Basilikum, Minze, Mandeln, Pistazien und Puderzucker in den Mixtopf geben und ca. (30 Sek./Stufe 5) mixen. Dabei evtl. ab und zu mit dem Spachtel vom Rand zusammenkratzen. Zitronensaft (15 Sek./Stufe 4) unterrühren.

■ Die Blätterteig-Schiffchen mit dem Finger in der Mitte etwas eindrücken. Diese Vertiefung mit jeweils 1 TL vom süßen Pesto füllen. Erdbeeren waschen und in Scheiben schneiden. Diese fächerartig auf die Schiffchen legen. Mit einem Minzeblatt und gehackten Pistazien dekorieren.

Tipps
Wer möchte, kann die Schiffchen noch mit klarem Tortenguss bepinseln, dann glänzen die Erdbeeren schön und bleiben auch länger frisch.
Haben sie keine Angst vor der ungewöhnlichen Kombination aus Kräutern und Früchten. Basilikum harmoniert wunderbar mit der Frische der Minze und der Süße der Erdbeeren.
Sie können aber auch andere frische Früchte verwenden, z.B. Pfirsiche, Aprikosen, Himbeeren oder Nektarinen.

Mokka-**Eclairs**

Für 15 Stück

Für den Teig
100 g Wasser
150 g Milch
100 g weiche Butter
1 Prise Salz
200 g Mehl
1 TL Backpulver
4 Eier

Für den Guss
200 g Puderzucker
30 g starker Espresso

Für die Mokka-Sahne-Füllung
500 g Sahne
50 g Puderzucker
2 Pck. Sahnesteif
2 TL Instant-Kaffee
1 EL Amaretto

■ Für den Teig Wasser, Milch, Butter und Salz in den Mixtopf geben und (4 Min./Stufe 3/100 °C) erhitzen. Mehl und Backpulver dazugeben und (2 Min./Stufe 4/100 °C) abrösten. Dann die Masse 15–20 Minuten im Mixtopf abkühlen lassen.

■ Den Backofen auf Ober-/Unterhitze 200 °C vorheizen und eine kleine, hitzebeständige Schale mit Wasser in den Ofen stellen. Ein Backblech mit Backpapier vorbereiten. Nach und nach die Eier durch die Deckelöffnung zum Teig geben, während auf (Stufe 5) gerührt wird. Nochmals (1 Min./Stufe 5) homogenisieren.

■ Die Masse in einen Spritzbeutel mit großer Sterntülle geben und ca. 15 Eclairs mit etwas Abstand auf das vorbereitete Blech spritzen. Im vorgeheizten Backofen in ca. 25–30 Minuten goldbraun backen. Achtung: Die Backofentüre darf zwischendurch nicht geöffnet werden, da die Brandmasse sonst zusammenfällt!

■ Nach dem Abkühlen Eclairs waagerecht durchschneiden. Für den Guss Puderzucker und Espresso verrühren. Obere Hälften mit dem Guss bepinseln und gut trocknen lassen.

■ Für die Füllung Sahne, Puderzucker und Sahnesteif in den kalten Mixtopf mit Rühraufsatz geben und (3 Min./Stufe 3) steif schlagen. (Je nach Sahnequalität, Temperatur und Gerätetyp kann es schneller gehen oder länger dauern. Bitte beobachten!) Den Instant-Kaffee mit Amaretto verrühren. Zur Sahne im Mixtopf geben und unterrühren (15 Sek./Stufe 2).

■ Die Sahne in einen Spritzbeutel mit Sterntülle füllen und spiralförmig auf den Boden der Eclairs spritzen. Die glasierte Oberseite aufsetzen und evtl. mit ganzen Mokka-Bohnen dekorieren.

Variante

Vanille-Schoko-Eclair
350 g Milch, 40 g Zucker, 1 Pck. Vanille-Puddingpulver, 1 Prise Salz und Mark von 1 Vanilleschote mit dem Rühraufsatz in den Mixtopf geben und (6 Min./Stufe 3/100 °C) aufkochen. In eine Schüssel füllen und erkalten lassen. Eclairs waagerecht halbieren und die Oberseite mit Schokoladen-Glasur bepinseln. 150 g Sahne in den kalten Mixtopf mit Rühraufsatz geben und (2 Min./Stufe 3) steif schlagen. Pudding nach und nach durch die Deckelöffnung zur Sahne geben, während auf (Stufe 2) gerührt wird. Die Vanillesahne in einen Spritzbeutel mit Sterntülle füllen und spiralförmig auf den Boden der Eclairs spritzen.

Limetten-Basilikum-Tartelettes mit Baiser

Für 6 Stück (8 cm)

250 g Mürbeteig (siehe Grundrezept)

Für die Füllung
150 g Limettensaft
20 g Zucker
3 Eier
4 Eigelb
90 g weiche Butter
250 g gehackte, weiße Kuvertüre
20 g gehacktes Basilikum

Für das Baiser
4 Eiweiß
1 Prise Salz
150 g Zucker

Für die Dekoration
Limettenscheiben
Basilikum

■ Den Ofen auf Ober-/Unterhitze 180 °C vorheizen. Den Mürbeteig nach Grundrezept zubereiten und ausrollen. Die Tartelette-Förmchen damit auslegen und im vorgeheizten Ofen blindbacken (siehe Grundrezept).

■ Für die Füllung Limettensaft, Zucker, Eier, Eigelbe und Butter in den Mixtopf mit Rühraufsatz geben und (4 Min./Stufe 3/100 °C) aufkochen. Gehackte Kuvertüre und Basilikum dazugeben und (2 Min./Stufe 2) unterrühren. Die Masse in die vorgebackenen Tartelettes füllen, glatt streichen und ca. 1 Stunde kühl stellen.

■ Für das Baiser Eiweiß mit Salz in den Mixtopf mit Rühraufsatz geben und steif schlagen (4 Min./Stufe 4). Nach 2 Minuten langsam den Zucker durch die Deckelöffnung einrieseln lassen und fertig schlagen. (Je nach Temperatur der Eier und Gerätetyp kann es schneller gehen oder länger dauern. Bitte beobachten!)

■ Das fertige Baiser mit einem Löffel „wild" auf den Tartelettes verstreichen. Mit einem kleinen Bunsenbrenner bräunen oder im Backofen kurz unter den „Grill" stellen, sodass das Baiser Farbe bekommt, aber nicht verbrennt. Mit Limettenscheiben und Basilikum dekorieren.

Tipp
Anstelle von Limettensaft können sie auch andere Säfte, z. B. von Zitrone, Orange oder Maracuja verwenden. Am besten passen säuerliche Früchte, die einen Kontrast zum süßen Baiser bilden.

Mini-Frankfurter-
Kränzchen

Für 12 Mini-Gugelhupf-formen (ca. 7 cm)

Für den Teig
170 g weiche Butter
170 g Zucker
1 Prise Salz
Mark von 1 Vanilleschote
4 Eier
85 g Milch
230 g Mehl
100 g Speisestärke
1 Pck. Backpulver

Für die Füllung
200 g Preiselbeer-Konfitüre

Für die Buttercreme
250 g Milch
1/2 Pck. Vanille-Puddingpulver
Mark von 1 Vanilleschote
70 g Zucker
170 g weiche Butter

Für die Dekoration
200 g Haselnusskrokant
6 Belegkirschen
Pistazien

■ Den Backofen auf Ober-/Unterhitze 175 °C vorheizen. Die Mini-Gugelhupfformen fetten und mehlen (bei Silikonformen nicht nötig).

■ Für den Teig Butter, Zucker, Salz und Vanillemark in den Mixtopf mit Rühraufsatz geben und (3 Min./Stufe 3) schaumig rühren. Eier nach und nach dazugeben und jeweils (30 Sek./Stufe 3) unterrühren. Milch, Mehl, Speisestärke und Backpulver dazugeben und (30 Sek./Stufe 3) zu einer homogenen Masse verarbeiten.

■ Die Masse mithilfe eines Spritzbeutels in die Förmchen geben oder mit einem Teelöffel einfüllen. Sie sollten ca. zu 3/4 gefüllt sein. In den vorgeheizten Backofen schieben und in ca. 25–30 Minuten goldbraun backen (Stäbchenprobe). Nach dem Auskühlen aus der Form stürzen. Für die Füllung Preiselbeer-Konfitüre in einen Spritzbeutel geben und jeweils etwas in das Innere der Mini-Gugel füllen.

■ Für die Buttercreme Milch, Puddingpulver, Vanillemark und Zucker mit dem Rühraufsatz in den Mixtopf geben und (6 Min./Stufe 2/100 °C) zu einem Pudding kochen. In eine Schüssel füllen, mit Frischhaltefolie abdecken und abkühlen lassen. Butter mit dem Rühraufsatz in den Mixtopf geben und (3 Min./Stufe 3) schaumig rühren. Den kalten Pudding nach und nach durch die Deckelöffnung dazugeben und nochmals (30 Sek./Stufe 4) verrühren.

■ Mit einem Buttermesser den unteren Rand der Kränzchen mit Buttercreme bestreichen. Den Krokant mit den Händen vorsichtig andrücken. Die restliche Buttercreme in einen Spritzbeutel mit Sterntülle füllen und kleine Rosetten auf die Kränzchen spritzen. Mit halbierten Belegkirschen und Pistazien dekorieren.

Tipp
Die Frankfurter Kränzchen sollten möglichst einen Tag durchziehen. Sie sind 4–5 Tage haltbar und lassen sich auch mitsamt der Creme einfrieren.
Anstelle von Preiselbeer-Konfitüre können Sie auch Kirsch- oder Aprikosen-Konfitüre verwenden. Wer es gerne mit „Schuss“ mag, verrührt die Konfitüre vorher mit 1 EL Kirschwasser oder Maraschino.

Apfel, Nuss und **Mandelkern**

Aus der Weihnachtsbäckerei

In der Küche hängt ein feiner Duft von Zimt, Nelken, Vanille, Honig und Kardamom. Alle Jahre wieder besinnen wir uns auf das Ritual, Plätzchen für Advent und Weihnachten zu backen. Selbst diejenigen, die sonst nur selten den Backofen anstellen, kramen jetzt die alten Rezeptkladden ihrer Mutter wieder aus der Schublade, weil es doch ganz genauso schmecken soll wie in der Kindheit. Das gehört einfach dazu. In keiner anderen Jahreszeit backen wir traditioneller als zu Weihnachten. Auf den folgenden Seiten finden Sie deshalb viele überlieferte Rezepte, zum Teil in neuem Gewand, aber auch ganz herkömmlich. Zimtsterne gehören ebenso auf den Adventsteller wie Lebkuchen, Vanillekipferl, Kokosmakronen und Bärentatzen. Dazu kommen Nougatbohnen und Mohn-Kirsch-Augen, die genauso wie alles andere im Nu aufgegessen sind. Da hilft nur noch einmal backen, damit zu Weihnachten noch Gebäck auf dem Teller liegt.

Rezept zum Foto auf Seite 130

Nuss-**Spritzgebäck**

Für 30–40 Stück

125 g weiche Butter
125 g Puderzucker
1 Ei
70 g gemahlene Haselnüsse
250 g Mehl
1 TL Backpulver
1 Prise Salz
1/2 TL gemahlener Zimt

Schokoladen-Glasur

■ Den Backofen auf Ober-/Unterhitze 180 °C vorheizen. 2–3 Backbleche mit Backpapier belegen.

■ Butter und Puderzucker mit dem Rühraufsatz in den Mixtopf geben und [1 Min./Stufe 3] leicht schaumig rühren. Ei dazugeben und [30 Sek./Stufe 3] unterrühren. Rühraufsatz entfernen und die Masse mit einem Spatel vom Rand zusammenkratzen.

■ Haselnüsse, Mehl, Backpulver, Salz und Zimt dazugeben und [20 Sek./Stufe 5] zu einem homogenen Spritzteig vermischen. Den Teig in einen Spritzbeutel mit Sterntülle füllen und auf die vorbereiteten Bleche verschiedene Formen aufspritzen (z. B. eine „S"-Form, Stangen von ca. 5 cm Länge, Kreise, Herzen usw.) Immer nur eine Sorte pro Blech aufspritzen und sehr gleichmäßig, da unterschiedlich große Gebäckstücke auch unterschiedlich lange backen.

■ In den vorgeheizten Backofen schieben und 10–12 Minuten goldbraun backen. Nach dem Abkühlen mit Schokoladen-Glasur verzieren.

Tipps
In einer luftdicht verschlossenen Box oder Blechdose lagern. So sind sie mindestens 4–6 Wochen haltbar.
Wer möchte, kann das Spritzgebäck vor dem Dekorieren noch mit Nougat füllen und immer zwei Teile zusammensetzen. Konfitüre eignet sich hier weniger zum Füllen, da sie das Gebäck zu weich macht.

Zimtsterne

Für 40–50 Stück

Für den Teig
250 g gemahlene Haselnüsse
200 g gemahlene Mandeln
300 g Puderzucker
2 Eiweiß
2 TL gemahlener Zimt
2 EL Amaretto
1 Prise Salz

Für den Guss
1 Eiweiß
1 Prise Salz
100 g Puderzucker

■ Alle Zutaten für den Teig in den Mixtopf wiegen und (1 Min./Stufe 3) zu einem glatten Teig verarbeiten. Aus dem Mixtopf holen und nochmals kurz mit den Händen zusammenkneten. Auf einer mit Puderzucker bestäubten Arbeitsfläche den Teig portionsweise ca. 1 cm dick ausrollen.

■ Sterne ausstechen und auf ein mit Backpapier belegtes Blech setzen. Den Ausstecher evtl. ab und zu in heißes Wasser tauchen, dann klebt es nicht so. Den Backofen auf Ober-/Unterhitze 150 °C vorheizen.

■ Für den Guss Eiweiß und Salz in den Mixtopf mit Rühraufsatz geben und (2 Min./Stufe 3) steif schlagen. Den Puderzucker langsam dazugeben, während auf Stufe 2 weiter gerührt wird. Die Zimtsterne sorgfältig mit dem Guss bestreichen.

■ Dann im vorgeheizten Backofen ca. 12–15 Minuten backen. Der Guss sollte dabei keine Bräunung annehmen, sondern schön weiß bleiben.

Tipps
In einer luftdicht verschlossenen Box oder Blechdose lagern. So sind sie mindestens 4–6 Wochen haltbar.
Um sich das aufwendige Bestreichen der Zimtsterne zu erleichtern, gibt es im Handel sogenannte Zimtstern-Ausstecher. Der Guss kann dann vor dem Ausstechen auf die gesamte Teigfläche aufgestrichen werden.
Das Besondere an den Zimtsternen: Sie sind glutenfrei und somit auch für Allergiker geeignet!

Mini-Stollen-Konfekt

Für 40–50 Stück

125 g Rosinen
50 g Orangeat
40 g gehackte Mandeln
20 g Rum

Für den Teig
65 g Milch
1/2 Würfel Hefe
1 Prise Salz
250 g Mehl
60 g Puderzucker
1 TL Stollengewürz
100 g Butter
30 g Marzipanrohmasse

Zum Bestäuben
150 g Butter
150 g Puderzucker

■ Rosinen, Orangeat und Mandeln mit dem Rum begießen und einige Stunden (am besten über Nacht) zugedeckt ziehen lassen.

■ Für den Teig Milch in den Mixtopf geben und (1 Min./Stufe 2/37 °C) erhitzen. Hefe und Salz dazugeben und (10 Sek./Stufe 2) verrühren. Mehl, Puderzucker und Stollengewürz dazugeben und (30 Sek./Stufe 3) verrühren.

■ Butter und Marzipanrohmasse dazugeben und (3 Min./Knetstufe) zu einem glatten Teig verarbeiten. Zuletzt die eingelegten Früchte dazugeben und (30 Sek./Knetstufe) unterheben.

■ Den Teig in eine Schüssel umfüllen und zugedeckt an einem warmen Ort ca. 30 Minuten gehen lassen. Den Backofen auf Ober-/Unterhitze 180 °C vorheizen und ein Backblech mit Backpapier auslegen.

■ Den Teig zu etwa fingerdicken Rollen formen und immer 2–3 cm lange Stücke davon abschneiden. Diese Stücke mit etwas Abstand zueinander auf dem Backblech verteilen. Abgedeckt nochmals 10 Minuten gehen lassen. Dann im vorgeheizten Backofen ca. 15 Minuten goldbraun backen.

■ Währenddessen die Butter zerlassen. Die Stollenstücke nach dem Backen noch heiß in der flüssigen Butter wenden. Dann in Puderzucker wälzen, bis sie ganz bedeckt sind. Auf einem mit Backpapier ausgelegten Kuchenrost abkühlen lassen. Danach das Stollenkonfekt in einer luftdichten Dose verschließen und mindestens zwei Wochen durchziehen lassen.

Tipp
Je länger das Stollen-Konfekt durchziehen kann, desto weicher und saftiger wird es.

Früchtebrot

Für 1 Kastenform (25 cm)

120 g Haselnüsse
80 g Mandeln
100 g getrocknete Datteln, entsteint
120 g getrocknete Feigen
100 g getrocknete Aprikosen
3 Eier
100 g Zucker
100 g Zitronat
120 g Sultaninen
120 g Mehl
30 g Rum
1 TL gemahlener Zimt
1 Msp. gemahlene Nelken
1 TL Backpulver
1 Prise Salz

■ Den Backofen auf Ober-/Unterhitze 150 °C vorheizen. Eine Kastenform fetten und mehlen. Haselnüsse und Mandeln in den Mixtopf geben und (4 Sek./Stufe 6) zerkleinern. In eine Schüssel umfüllen. Dann Datteln, Feigen und Aprikosen in den Mixtopf geben und (5 Sek./Stufe 5) zerkleinern. Ebenfalls in die Schüssel umfüllen.

■ Eier und Zucker in den Mixtopf geben und (1 Min./Stufe 5) verrühren. Die zerkleinerten Nüsse, Mandeln, Datteln, Feigen und Aprikosen zusammen mit den restlichen Zutaten in den Mixtopf geben und (1 Min./Stufe 4/Linkslauf) zu einem Teig verarbeiten.

■ Die Masse in die vorbereitete Kastenform einfüllen und glatt streichen. Im vorgeheizten Backofen auf einem Rost ca. 90 Minuten backen. Das Früchtebrot ca. 20 Minuten abkühlen lassen und dann aus der Form stürzen.

Tipps
Die getrockneten Früchte und Nüsse können ganz nach Geschmack ausgetauscht werden. Es eignen sich z. B. auch Cranberrys, getrocknete Kirschen, Pflaumen, Orangeat, Pistazien, Walnüsse, Pinienkerne usw. Seien Sie also kreativ und experimentieren Sie.
Wer viel Zeit hat, kann die gehackten Früchte ca. 1 Woche vorher schon im Rum einlegen, dann werden sie besonders saftig und aromatisch.
In Alufolie verpackt hält sich das Früchtebrot ca. 4 Wochen.

Spitzbuben-Gesichter

Für ca. 20 Stück (5 cm)

Für den Teig
125 g Zucker
125 g Butter
4 Eigelb
250 g Mehl
1 TL Backpulver
Mark von 1 Vanilleschote
1 Prise Salz

Für die Füllung
400 g Johannisbeer-Gelee

Puderzucker zum Bestäuben

■ Alle Zutaten für den Teig in den Mixtopf geben und (1 Min./Knetstufe) vermischen. Dann weitere (10 Sek./Stufe 6) zu einem glatten Teig verarbeiten. In Frischhaltefolie gewickelt für ca. 30 Minuten kühl stellen. Den Backofen auf Ober-/Unterhitze 175 °C vorheizen. Mehrere Backbleche mit Backpapier belegen.

■ Den Teig auf einer bemehlten Arbeitsfläche ca. 3 mm dick ausrollen. Mit einem runden, kannelierten Ausstecher ausstechen und auf die Backbleche legen. In die Hälfte der Kekse mit einer Lochtülle und einem Messer ein Gesicht einschneiden.

■ Im vorgeheizten Ofen blechweise nacheinander die Kekse in 10–12 Minuten goldbraun backen. Nach dem Abkühlen mit Johannisbeer-Gelee füllen und zusammensetzen. Evtl. mit Puderzucker bestäuben.

Tipps
In einer luftdicht verschlossenen Box oder Blechdose lagern. So sind sie mindestens 4–6 Wochen haltbar.
Wem die Gesichter zu aufwändig sind, kann die Spitzbuben auch ganz klassisch als Blume oder Stern ausstechen und nur ein Loch in die Mitte machen. Zum Füllen eignen sich alle Konfitüren ohne Stücke oder Gelees.

Nougat-**Bohnen**

Für 20–30 Stück

Für den Teig
125 g weiche Butter
75 g Puderzucker
2 Eigelb
125 g Mehl
25 g Kakaopulver
1 Prise Salz

Für Deko und Füllung
150 g Nuss-Nougat
Schokoladen-Glasur
geriebene Pistazien

■ Den Backofen auf Ober-/Unterhitze 180 °C vorheizen. 2–3 Backbleche mit Backpapier belegen.

■ Für den Teig Butter und Puderzucker mit dem Rühraufsatz in den Mixtopf geben und (1 Min./Stufe 3) leicht schaumig rühren. Eigelbe dazugeben und (20 Sek./Stufe 3) unterrühren.

■ Mehl, Kakaopulver und Salz hinzufügen und (20 Sek./Stufe 2) zu einem homogenen Spritzteig vermischen. Den Teig in einen Spritzbeutel mit Lochtülle füllen und auf die vorbereiteten Bleche Bögen von ca. 2–3 cm Größe spritzen.

■ In den vorgeheizten Backofen schieben und 10–12 Minuten backen. Achtung: Bei Schokoladen-Gebäck erkennt man nur schlecht, wann es zu dunkel ist. Die Bohnen sind fertig, wenn sie sich auf dem Blech verschieben lassen und eine stabile Struktur haben.

■ Nach dem Abkühlen mit Nuss-Nougat füllen und in Schokoladen-Glasur tauchen. Evtl. mit geriebenen Pistazien dekorieren.

Tipps
In einer luftdicht verschlossenen Box oder Blechdose lagern. So sind sie mindestens 4–6 Wochen haltbar.
Eine besonders weihnachtliche Note bekommen die Nougat-Bohnen, wenn sie 1/2 TL Zimt oder Lebkuchengewürz in den Teig geben. So sind sie die perfekte Ergänzung zu einem winterlichen Punsch oder Glühwein.

Kokosmakronen
mit Limette

Für 40–50 Stück

3 Eiweiß
160 g Zucker
100 g Kokosraspel
1 EL Limettensaft
Abrieb von 1 Bio-Limette
1 Prise Salz

1 EL Mehl

■ Alle Zutaten außer Mehl in den Mixtopf geben und (4 Min./ Stufe 2/60 °C) „abrösten“.

■ Das Eiweiß gerinnt so ganz leicht und macht die Masse geschmeidig und homogen. Außerdem löst sich so der Zucker und die Aromen der Limette entfalten sich.

■ Nun das Mehl dazugeben und (20 Sek./Stufe 2) unterrühren. Die Masse etwas abkühlen lassen. Den Backofen auf Ober-/Unterhitze 175 °C vorheizen. 2–3 Backbleche mit Backpapier belegen.

■ Wenn die Masse etwas abgekühlt ist, in einen Spritzbeutel mit Lochtülle füllen und kleine Tupfen von ca. 2 cm Durchmesser auf die vorbereiteten Bleche spritzen. Alternativ mit einem Teelöffel kleine Häufchen auf das Blech setzen.

■ Im vorgeheizten Backofen 10–12 Minuten backen, bis die Makronen von außen goldbraun und knusprig sind. Im Inneren bleiben sie saftig und weich.

Tipps
In einer luftdicht verschlossenen Box oder Blechdose lagern. So sind sie mindestens 4–6 Wochen haltbar.
Wer möchte, kann die abgekühlten Makronen noch mit Schokoladen-Glasur dekorieren. Für einen exotischen und fruchtigen Touch können Sie vor dem Abrösten fein gehackte getrocknete Mangos oder Ananas mit in die Masse geben.

Chai-Tea-Vanille-Kipferl

Für 40–50 Stück

Für den Teig
200 g Butter
70 g Zucker
1 Prise Salz
2 Eigelb
280 g Mehl
50 g gemahlene Mandeln
50 g gemahlene Haselnüsse
Mark von 1/2 Vanilleschote
1 EL Instant-Chai-Tea-Pulver

Zum Wälzen
50 g Zucker
1 EL Instant-Chai-Tea-Pulver
Mark von 1/2 Vanilleschote

Puderzucker zum Bestäuben

■ Alle Zutaten für den Teig in den Mixtopf geben und (1 Min./Knetstufe) vermischen. Dann weitere (10 Sek./Stufe 6) zu einem glatten Teig verarbeiten. In Frischhaltefolie gewickelt für ca. 30 Minuten kühl stellen.

■ Den Backofen auf Ober-/Unterhitze 175 °C vorheizen. Mehrere Backbleche mit Backpapier belegen. Zum Wälzen Zucker, Chai-Tea-Pulver und Vanillemark in einer Schüssel gut vermischen.

■ Den Teig portionsweise zu fingerdicken Rollen formen. Stücke von 4–5 cm abschneiden und mit der flachen Hand zu einem Hörnchen (Kipferl) rollen. Die äußeren Spitzen sollten nicht zu dünn gerollt werden, da sie sonst leicht verbrennen. Die Kipferl in dem Vanille-Chai-Zucker wälzen und mit etwas Abstand auf die Backbleche setzen. Im vorgeheizten Backofen ca. 10–12 Minuten goldbraun backen. Nach dem Abkühlen mit Puderzucker leicht bestäuben.

Tipps
In einer luftdicht verschlossenen Box oder Blechdose lagern. So sind sie mindestens 4–6 Wochen haltbar.
Wer es lieber klassisch mag, kann das Chai-Tea-Pulver einfach weglassen. Der Klassiker darf aber auf keinem Weihnachtsteller fehlen! Sie sind besonders gut fürs Backen mit Kindern geeignet.

Im Handel gibt es heutzutage eine große Auswahl an Backzutaten. Besonders im Bereich Schokolade/Kuvertüre/Glasur tauchen oft Fragen auf. Gibt es einen Unterschied zwischen der herkömmlichen Tafelschokolade und der etwas teureren Kuvertüre? Und kann man Schokoladen-Glasur nicht auch irgendwie selber machen?
Das sind die wichtigsten alternativen Süßungsmittel, die ich außer Früchten und Trockenfrüchten beim Clean Baking verwende:

Natürlich kann man das, und es ist auch gar nicht so schwer, wie es sich vielleicht anhört. Und das Beste: Sie wissen immer genau, was drin ist! Grundsätzlich gilt: Kuvertüre ist hochwertiger als Tafelschokolade und sollte daher beim Backen immer bevorzugt werden. Je nach Gebäck sind unterschiedliche Eigenschaften bei der Glasur erwünscht. Während die Glasur für Kuchen und Torten eher weich sein muss, damit sie beim Schneiden nicht splittert, sollte die Glasur für Kekse oder Schokoladen-Dekore stabil und fest sein. Große Gebäcke wie Kuchen und Torten übergieße ich immer großzügig mit der Glasur oder trage sie mit einem Backpinsel auf. Kleinere Gebäcke wie Kekse werden dagegen in die Glasur getaucht. Für filigrane Dekore wird die Glasur in einen Spritzbeutel gefüllt und

Schokoladen-Glasuren und -Kuvertüren

dann garniert. Beeindrucken Sie ihre Freunde und Verwandte mit diesen köstlichen selbstgemachten Glasuren und werden sie selbst kreativ!

Dunkle Schokoladen-Glasur I

(z.B. für Schokoladen-Dekorationen oder zum Eintauchen von Gebäck)

150 g Kuvertüre (Zartbitter, Vollmilch oder weiße Schokolade) in den Mixtopf geben und (10 Sek./Stufe 8) zerkleinern. 25 g Kokosfett dazugeben und (3 Min./Stufe 2/50 °C) schmelzen. Die Glasur zur leichteren Handhabung in eine Tasse umfüllen.

Dunkle Schokoladen-Glasur II

(z.B. als Überzug für Kuchen und Torten):

200 g Zartbitter-Kuvertüre in den Mixtopf geben und (10 Sek./Stufe 8) zerkleinern. 100 g Sahne sowie das Mark von 1 Vanilleschote dazugeben und (5 Min./Stufe 3/37 °C) schmelzen. Die Glasur etwas abkühlen lassen und das Gebäck damit glasieren. Am besten im Kühlschrank fest werden lassen.

Weiße Schokoladen-Glasur

(z.B. als Überzug für Kuchen und Torten):

250 g weiße Schokolade in den Mixtopf geben und (10 Sek./Stufe 8) zerkleinern. 100 g Sahne sowie das Mark von 1 Vanilleschote dazugeben und (5 Min./Stufe 3/37 °C) schmelzen. Die Glasur etwas abkühlen lassen und das Gebäck damit glasieren. Am Besten im Kühlschrank fest werden lassen.

Tipps

Sie können einen Teil der Sahne durch Fruchtpürees oder Säfte ersetzen oder die Glasur mit geeigneten Lebensmittelfarben beliebig einfärben.

Verleihen Sie ihrer selbst gemachten Schokoladen-Glasur eine persönliche Note, indem Sie diese mit verschiedenen Gewürzen verfeinern, z.B. 1/2 TL Zimt, 1/2 gemahlenen Tonkabohne oder gemahlenen Chili-Flocken. Für Glasuren mit „Schuss“ können Sie am Ende 1 EL Rum oder Likör unterrühren.

Mohn-Kirsch-Augen
mit Portwein

Für 30–40 Stück

Für den Teig
150 g Mehl
110 g Butter
1 Ei
75 g Zucker
75 g gemahlener Mohn
1 Prise Salz

Für das Gelee
100 ml Portwein
50 g Gelierzucker 2:1
50 g Kirsch-Konfitüre (ohne Stücke)

■ Alle Zutaten für den Teig in den Mixtopf geben und (1 Min./Knetstufe) vermischen. Dann weitere (10 Sek./Stufe 6) zu einem glatten Teig verarbeiten. In Frischhaltefolie gewickelt für ca. 30 Minuten kühl stellen.

■ Den Backofen auf Ober-/Unterhitze 175 °C vorheizen. Zwei Backbleche mit Backpapier belegen. Vom Teig walnussgroße Teigstücke abnehmen, zu Kugeln rollen und mit etwas Abstand auf die Backbleche setzen. Eine Mulde in die Kugeln drücken (z. B. mit dem Stiel eines Kochlöffels). Im vorgeheizten Backofen ca. 12–15 Minuten backen. Nach dem Abkühlen mit Puderzucker leicht bestäuben.

■ Für das Gelee Portwein und Gelierzucker in den Mixtopf geben und (5 Min./Stufe 2/100 °C) kochen. Kirsch-Konfitüre dazugeben und (20 Sek./Stufe 2) unterrühren. Etwas abkühlen lassen und mit einem Spritzbeutel in die Mulden der Mohn-Augen füllen.

Tipp
In einer luftdicht verschlossenen Box oder Blechdose lagern. So sind sie mindestens 4–6 Wochen haltbar.

Lebkuchen

Für 20–30 Stück

100 g Honig
30 g Butter
50 g brauner Zucker
1 Prise Salz
1 Ei
270 g Mehl
1 TL Backpulver
2 TL Lebkuchengewürz

Zum Verzieren
1 Eiweiß
200 g Puderzucker
evtl. etwas Zitronensaft
Lebensmittelfarben

■ Honig, Butter, Zucker und Salz in den Mixtopf geben und (5 Min./Stufe 2/80 °C) auflösen. Ei dazugeben und (30 Sek./Stufe 3) verrühren. Mehl, Backpulver und Lebkuchengewürz hinzufügen und (1 Min./Knetstufe) zu einem Teig verarbeiten. Der Teig ist anfangs noch sehr weich und klebrig. Aus dem Mixtopf holen und in Frischhaltefolie gepackt ca. 10 Minuten ruhen lassen.

■ Den Backofen auf Ober-/Unterhitze 175 °C vorheizen. Mehrere Backbleche mit Backpapier belegen. Den Lebkuchenteig auf einer bemehlten Arbeitsfläche nochmal kurz von Hand durchkneten und dann ca. 3–4 mm dick ausrollen.

■ Mit verschiedenen Ausstechern ausstechen (z.B. Herz, Schneeflocke, Stern usw.). Für den Rudolf-Rentier-Lebkuchen verwende ich die Form eines Lebkuchen-Männchens. Die Lebkuchen auf die vorbereiteten Bleche setzen. Im vorgeheizten Backofen je nach Größe der Lebkuchen 10–15 Minuten goldbraun backen.

■ Für die Glasur Eiweiß und Puderzucker mit dem Rühraufsatz in den Mixtopf geben und (1 Min./Stufe 3) verrühren. Die Glasur in verschiedenen Farben einfärben und die Lebkuchen damit dekorieren. Es können auch Zuckerperlen, Mandeln oder Belegkirschen zum Verzieren verwendet werden. Seien Sie kreativ!

Tipp
Für das Rudolf-Rentier Glasur in den Farben hellbraun, dunkelbraun, rot, grün und weiß einfärben. (Für Braun verwende ich immer etwas Kakaopulver. Allerdings wird der Guss dann sehr fest und muss mit etwas Zitronensaft flüssiger gemacht werden.)
Zuerst die Lebkuchen-Männchen mit einem Pinsel mit hellbrauner Glasur bestreichen. Diese Schicht nun einige Stunden (am besten über Nacht) trocknen lassen. Dann mit einem Spritzbeutel mit dunkelbrauner Glasur das Geweih aufspritzen. Mit roter Glasur die große rote Nase spritzen. Für die Augen zuerst weiße und dann sofort die dunkelbraune Glasur garnieren. Mund und Augenbrauen mit Dunkelbraun aufspritzen.
Zuletzt den Eibenzweig aus grüner und roter Glasur zwischen das Geweih garnieren.
Nochmals über Nacht trocknen lassen.

Schwarz-Weiß-Gebäck

Für ca. 30 Stück

250 g Mehl
150 g Zucker
1 Ei
130 g Butter
1/2 TL Backpulver
1 Prise Salz
Mark von 1 Vanilleschote
20 g Kakaopulver
1 EL Rum

■ Mehl, Zucker, Ei, Butter, Backpulver, Salz und Vanillemark in den Mixtopf geben und (20 Sek./Stufe 4) zu einem kompakten Teig verkneten. Die Hälfte des Teiges in Frischhaltefolie verpacken und ca. 1 Stunde kühl stellen.

■ Zum restlichen Teig im Mixtopf Kakaopulver und Rum geben und (10 Sek./Stufe 4) vermischen. Den Schokoteig ebenfalls in Frischhaltefolie verpacken und 1 Stunde kühl stellen.

■ Beide Teige nacheinander auf einer bemehlten Arbeitsfläche etwa gleich groß dünn zu Quadraten ausrollen. Den hellen Teig mit etwas Wasser bepinseln. Den dunklen Teig darauflegen und ebenfalls mit Wasser bepinseln. Dann zu einer Rolle aufwickeln. Nochmals für ca. 30 Minuten kühl stellen.

■ Den Backofen auf Ober-/Unterhitze 175 °C vorheizen. Einige Backbleche mit Backpapier belegen. Die Teigrolle mit einem scharfen Messer in ca. 3–4 mm dünne Scheiben schneiden. Diese mit etwas Anstand auf das vorbereitete Backblech setzen. Im vorgeheizten Backofen 10–12 Minuten goldbraun backen.

Marmor-Muster
Um ein marmoriertes Schwarz-Weiß-Gebäck zu erhalten, einfach die Reste vom hellen und dunklen Teig leicht verkneten. Zu einer Rolle formen, kühl stellen und in Scheiben schneiden.

Tipp
In einer luftdicht verschlossenen Box oder Blechdose lagern. So sind sie mindestens 8 Wochen haltbar.

Bärentatzen

Für 30–40 Stück

2 Eiweiß
80 g Puderzucker
50 g Fruchtzucker
1 Prise Salz
180 g gemahlene Mandeln
25 g Kakaopulver
70 g Marzipanrohmasse
1 TL gemahlener Zimt

Zum Wälzen
50 g Kristallzucker

Für die Dekoration
Schokoladen-Glasur

■ Eiweiß, Puderzucker, Fruchtzucker und Salz mit dem Rühraufsatz in den Mixtopf geben und (3 Min./Stufe 3/37 °C) zu steifem Schnee schlagen. (Je nach Temperatur der Eier und Gerätetyp kann es schneller gehen oder länger dauern. Bitte beobachten!)

■ Mandeln, Kakaopulver, gewürfelte Marzipanrohmasse und Zimt dazugeben und (20 Sek./Stufe 3) verrühren. Den Teig in eine Schüssel füllen, mit Frischhaltefolie abdecken und ca. 1 Stunde kühl stellen.

■ Den Backofen auf Ober-/Unterhitze 180 °C vorheizen. 2–3 Backbleche mit Backpapier belegen.

■ Aus dem Teig kleine Kugeln formen und im Kristallzucker wälzen. Die Kugeln in ein Muschel-Model drücken um die charakteristische Bärentatzen-Form zu erhalten. Die Bären-Tatzen mit etwas Abstand auf die vorbereiteten Backbleche setzen. Im vorgeheizten Backofen ca. 15 Minuten backen. Nach dem Abkühlen zur Hälfte in Schokoladen-Glasur tauchen.

Tipp
In einer luftdicht verschlossenen Box oder Blechdose lagern. So sind sie mindestens 4–6 Wochen haltbar.

Info
Ein „Model" ist eine kleine Form aus Holz. Früher wurden sie von Hand aufwendig geschnitzt, heutzutage ist es meist industrielle Ware. Es gibt die Model in verschiedenen Formen und Größen. Der Klassiker für Bärentatzen ist die Muschel-/Tatzenform.

Süßspeisen und Desserts

Schmecken auch zwischendurch!

Für viele sind sie wichtiger als alles andere: Süßspeisen und Desserts sind die Krönung, die ein Essen erst abrunden. Sie schmecken nicht nur nach einem Menü, sondern auch einfach als Snack zwischendurch, wenn Ihnen der Sinn nach etwas Süßem steht. Auch zum Nachmittagskaffee kann man sie natürlich genießen! Belgische Waffeln mit Kompott, Pancakes oder süße Apfel-Flammkuchen sind einfach gut für die Seele und schenken Wohlgefühl. Wer kann dem schon widerstehen?

Im folgenden Kapitel werden alle „Süßmäuler" garantiert ihren persönlichen Favoriten entdecken. Probieren Sie ausgefallene Lava-Küchlein, traditionelle Crème Brulée, beschwipsten Aprikosen-Crumble, Schoko-Bananen-Brot und vieles mehr. Die Rezepte sind auch hier wieder so beschrieben, dass sie garantiert gelingen.

Rezept zum Foto auf Seite 146

Lava-Küchlein

Für 6–8 Küchlein

Für die Ganache
100 g Sahne
Mark von 1 Vanilleschote
200 g Zartbitter-Kuvertüre

Für den Teig
225 g Zartbitter-Kuvertüre
115 g Butter
100 g Zucker
1 Prise Salz
100 g Mehl
4 Eier

Kakaopulver zum Bestäuben

■ Für die Ganache Sahne mit Vanillemark in den Mixtopf geben und [2 Min./Stufe 2/80 °C] erhitzen. Grob gehackte Kuvertüre dazugeben und [2 Min./Stufe 3] auflösen. Kurz [10 Sek./Stufe 6] homogenisieren. Die Ganache in eine Schüssel füllen und einige Stunden oder über Nacht im Kühlschrank fest werden lassen.

■ Für den Teig Kuvertüre, Butter, Zucker und Salz in den Mixtopf mit Rühraufsatz geben und [5 Min./Stufe 2/60 °C] auflösen. Eier nach und nach jeweils [15 Sek./Stufe 2] unterrühren. Zuletzt das Mehl dazugeben und alles [3 Min./Stufe 3] aufschlagen.

■ Den Backofen auf Ober-/Unterhitze 175 °C vorheizen. Ein Muffinblech gut fetten [es geht auch in kleinen Tassen, Soufflé-Förmchen usw.]. Den Teig ca. 1/3 hoch in die Förmchen füllen. Aus der fest gewordenen Ganache mit einem Teelöffel kleine Nocken abstechen und mittig auf den Teig in die Förmchen legen. Mit dem restlichen Teig auffüllen, sodass die Ganache bedeckt ist.

■ Im vorgeheizten Backofen ca. 20 Minuten backen. Die Küchlein etwa 10 Minuten abkühlen lassen, dann vorsichtig aus der Form stürzen und noch warm essen. Evtl. mit Kakaopulver bestäuben und mit Früchten garnieren.

Tipp
Wer die Küchlein vorbereiten und später warm servieren möchte, kann sie für 10–15 Sekunden in der Mikrowelle aufwärmen. Dazu passen frische Früchte, Vanilleeis oder Schlagsahne.

Quark-Soufflé
mit Feigen

Für ca. 4 Tassen oder 8 kleine Gläschen

3 Eiweiß
20 g Zucker
1 Prise Salz

3 Eigelb
40 g Zucker

200 g Quark
1 EL Mehl
1 EL Speisestärke
2 EL Orangensaft
Abrieb von 1/2 Bio-Orange

Für die Dekoration
6 Feigen
1 EL Orangensaft

■ Den Backofen auf Ober-/Unterhitze 180 °C vorheizen. Eine große Auflaufform zur Hälfte mit heißem Wasser füllen. Tassen oder Gläschen gut fetten.

■ Eiweiß mit Zucker und Salz in den Mixtopf mit Rühraufsatz geben und (4 Min./Stufe 3/37 °C) zu steifem Schnee schlagen. (Je nach Temperatur der Eier und Gerätetyp kann es schneller gehen oder länger dauern. Bitte beobachten!) In eine Schüssel umfüllen.

■ Eigelbe und Zucker in den Mixtopf mit Rühraufsatz geben und (2 Min./Stufe 3) schaumig rühren. Quark, Mehl, Stärke, Orangensaft und -abrieb dazugeben und (30 Sek./Stufe 2) unterrühren. Die Quarkmasse zum Eiweiß geben und vorsichtig mit einem Spatel unterheben.

■ Die Masse mit einem Löffel in die Gläschen füllen (etwa 2/3 Füllhöhe) und in die vorbereitete Auflaufform stellen. Die Form in den vorgeheizten Backofen geben und 15–20 Minuten backen. Währenddessen die Feigen in Scheiben schneiden und mit etwas Orangensaft marinieren.

■ Wenn die Soufflés fertig gebacken sind, kurz abkühlen lassen, mit den marinierten Feigen belegen und sofort servieren.

Tipp
Während des Backens die Ofentür geschlossen halten, da das Soufflé sonst schnell zusammenfällt.

Crème **Brulée**

Für 12 Förmchen

125 g Milch
375 g Sahne
50 g Zucker
Mark von 1 Vanilleschote
1 Prise Salz
6 Eigelb

Für die Dekoration
50 g Zucker

■ Alle Zutaten in den Mixtopf geben und (3 Min./Stufe 2/80 °C) erhitzen. In einen Messbecher füllen und im Kühlschrank erkalten lassen.

■ Den Backofen auf Ober-/Unterhitze 140 °C vorheizen. Ein tiefes Backblech zur Hälfte mit heißem Wasser füllen und die Crème-Brulée-Förmchen hineinstellen. Die Förmchen bis knapp unter den Rand mit der erkalteten Masse füllen. In den vorgeheizten Backofen schieben und ca. 50 Minuten stocken lassen.

■ Nach dem Abkühlen bzw. kurz vor dem Servieren die Crème Brulée mit dem Zucker bestreuen und mit einem Bunsenbrenner karamellisieren. Wer keinen Bunsenbrenner hat, kann auch die Grill-Funktion des Backofens nutzen.

Tipps
Die Crème Brulée kann auch gut im Dampfgar-Aufsatz zubereitet werden. Dazu ca. 1 l heißes Wasser in den Mixtopf geben. Die Förmchen in den Dampfgar-Aufsatz stellen, mit der Masse füllen und mit Frischhaltefolie abdecken. Den Deckel daraufsetzen und (30 Min./Stufe 2/Dampfgaren 100 °C) stocken lassen. Danach wie im Rezept fertigstellen.
Die Crème Brulée sollte immer erst kurz vor dem Servieren flambiert werden, da sich die knackige Zuckerkruste sonst wieder auflöst und flüssig wird.

Zum Aromatisieren eignen sich diverse Kräuter, Früchte und Gewürze. Probieren Sie verschiedene Varianten, z. B. mit Zimt, Orangenabrieb, Tonkabohne, Veilchen, Basilikum usw. Die geschmackgebende Zutat einfach mit den anderen Zutaten erhitzen und ggf. vor dem Einfüllen in die Förmchen durch ein feines Sieb passieren.

Die einen lieben es, die anderen machen einen großen Bogen darum. Ich gehöre eindeutig zu Ersteren! Marzipan hat mich schon immer fasziniert. Denn die süße Mandelmasse schmeckt nicht nur köstlich, sie lässt sich beim Backen auch so vielseitig einsetzen. Besonders im Bereich der Dekorationen kann ich mir Marzipan nicht mehr wegdenken. Ob pur als Marzipandecke für eine elegante Torte oder bunt eingefärbt und modelliert ... der Kreativität sind hier keine Grenzen gesetzt.

Leider gibt es im Handel oft relativ schlechte Marzipan-Qualitäten. Die Mandelmasse wird von der Industrie mit Unmengen an Zucker „gestreckt", was zu einer schlechteren Qualität führt und natürlich einen geschmacklichen Nachteil mit sich bringt. Deshalb bin ich froh, dass sich die süße Köstlichkeit mithilfe der Thermoküchenmaschine sehr gut selbst herstellen lässt. So kann ich selbst entscheiden, wie viel Zucker ich zugebe und kann zudem mit Aromen wie Rosenwasser oder Bittermandel experimentieren.

Probieren Sie es einfach aus. Es ist gar nicht schwer, und das köstliche Endergebnis wird Sie überzeugen.

Marzipan

Rezept
200 g gemahlene, blanchierte Mandeln und 160 g Puderzucker in den Mixtopf geben und (5 Sek./Stufe 10) zu feinem Staub vermahlen. 20 g Amaretto (oder wenn Kinder mitessen Wasser) und 8 Tropfen Bittermandel-Aroma in den Mixtopf geben und (10 Sek./Stufe 9) vermischen. Die Masse aus dem Mixtopf holen und mit den Händen nochmal gut durchkneten. In Frischhaltefolie gewickelt im Kühlschrank aufbewahren und möglichst einen Tag durchziehen lassen.

Zum Eindecken mit Marzipan eigenen sich alle trockenen Kuchen oder Torten mit Cremefüllung. Sahnetorten sind eher ungeeignet, da sich das Marzipan aufgrund der Feuchtigkeit nach kurzer Zeit auflösen würde. In jedem Fall braucht das Marzipan jedoch eine Art Kleber, um am Kuchen zu haften. Ich streiche meine Kuchen und Torten daher immer rundum dünn mit Buttercreme oder Aprikosen Konfitüre ein.

Um nun eine Torte mit Marzipan einzudecken, wird es auf einer Arbeitsfläche mit Puderzucker dünn ausgerollt. Falls es zu sehr klebt, können Sie auch zwischen zwei Lagen Frischhaltefolie oder Backpapier ausrollen. Das Marzipan möglichst mit dem Rollholz aufwickeln und dann vorsichtig über der Torte wieder abrollen. Mit der flachen Hand zuerst die Oberfläche der Torte glätten, dann das Marzipan am Rand nach und nach andrücken. Das restliche Marzipan wird mit einem Messer abgeschnitten.
Natürlich können Sie das Marzipan vorher noch mit Lebensmittelfarben einfärben.

Den größten Spaß mit Marzipan habe ich aber beim Modellieren. Dazu färbe ich mir das Marzipan mit Lebensmittelfarben bunt ein. Wenn Sie flüssige Farbe verwenden, müssen sie ggf. mit Puderzucker nachhelfen, damit das Marzipan nicht zu sehr klebt. Nun können Sie das Marzipan in jede gewünschte Form bringen. Kinder sind hier oft die besten Lehrer, da sich das Marzipan ähnlich wie Knete formen lässt. Viele Kuchen werden mit Marzipan dekoriert, wie z.B. die Rüblitorte mit kleinen Möhren. Sie können aber auch Zahlen, Schriften, Blumen und Tiere daraus formen. Dünn ausgerolltes Marzipan kann z.B. mit Blumen-Ausstechern oder Herzen ausgestochen werden. Oder sie bereiten für Silvester ihre eigenen Glücksschweinchen zu. Seien Sie kreativ.

Tipp: Rollen Sie kleine Kugeln aus dem Marzipan und wenden sie diese in Trinkkakaopulver. So erhalten Sie köstliche Marzipankartoffeln, die nicht nur zu Weihnachten vernascht werden wollen!

Süßer **Apfel-Flammkuchen**

Für 2 Flammkuchen (28 cm)

Für den Teig
220 g Mehl
2 EL Sonnenblumenöl
120 g Wasser
1 EL Zucker
1 Prise Salz
Mark von 1 Vanilleschote

Für die Creme
250 g Crème fraîche
3 EL Zucker
2 TL gemahlener Zimt
1 Prise Zucker
Abrieb von 1 Bio-Zitrone

Für den Belag
2–3 rote Äpfel
Saft von 1/2 Zitrone
gemahlener Zimt

■ Für den Teig alle Zutaten in den Mixtopf geben und (2 Min./Knetstufe) kneten. Teig aus dem Mixtopf nehmen, in Frischhaltefolie wickeln und 30 Minuten kalt stellen. Währenddessen alle Zutaten für den Belag in den Mixtopf geben und (30 Sek./Stufe 2) verrühren.

■ Den Backofen auf Ober-/Unterhitze 200 °C vorheizen. 2 Springformen (28 cm) fetten. Den Flammkuchenteig auf einer bemehlten Arbeitsfläche sehr dünn ausrollen. Die Springform darauflegen und den Teig rundum ca. 1 cm größer ausschneiden. Den Teig in die Springform legen und den Rand Stück für Stück eindrehen. Die Creme auf den zwei Flammkuchen verteilen.

■ Die Äpfel halbieren, vom Kerngehäuse befreien und in dünne Scheiben schneiden. Mit dem Zitronensaft beträufeln, damit die Äpfel nicht braun werden. Die Apfelscheiben auf dem Flammkuchen verteilen (am schönsten sieht es aus, wenn man sie gleichmäßig im Kreis anordnet). Mit etwas Zimt bestreuen.

■ Die Flammkuchen im vorgeheizten Backofen ca. 20 Minuten backen, bis der Rand goldbraun ist.

Tipps
Anstelle von Äpfeln passen auch Pflaumen oder Aprikosen zu dem süßen Flammkuchen.
Wenn Sie im Rezept Zucker, Zimt und Zitrone weglassen und stattdessen mit Salz und Pfeffer würzen, können Sie auch eine herzhafte Variante z. B. mit Zwiebeln und Speck zubereiten.

Pancakes

Für ca. 10 Stück

Für die Schokosauce
100 g Zartbitter-Kuvertüre
110 g Wasser
1 EL Zucker
1 EL Kakaopulver
Mark von 1 Vanilleschote

Für den Teig
2 Eier
280 g Milch
30 g Honig
30 g Buttermilch
30 g Sonnenblumenöl
60 g Zucker
1 TL Backpulver
300 g Mehl
1 Prise Salz

etwas Öl zum Braten

■ Für die Schokosauce die Kuvertüre in den Mixtopf geben und [10 Sek./Stufe 10] mahlen. Wasser, Zucker, Kakaopulver und Vanillemark dazugeben und [3 Min./Stufe 3/100 °C] kochen. Umfüllen und etwas abkühlen lassen.

■ Für den Teig Eier, Milch, Honig, Buttermilch, Öl und Zucker in den Mixtopf geben und [30 Sek./Stufe 3] verrühren. Mehl, Backpulver und Salz dazugeben und [30 Sek./Stufe 3] zu einem glatten Teig verarbeiten.

■ Wenig Öl in einer Pfanne erhitzen. Den Teig portionsweise [je etwa 2 EL] in die Pfanne geben und zu Kreisen ausformen. Es passen 2–3 Pancakes in eine normale Pfanne.

■ Bei mittlerer Hitze so lange braten, bis die Oberseite von Bläschen übersät ist, erst dann wenden und von der anderen Seite goldbraun backen.

■ Mit frischem Obst und Schokosauce servieren.

Tipp
Die Pancakes werden zum Highlight, wenn man sie z. B. in Form eines Bärchens backt [siehe Seite 134]. Dazu einen großen Teig-Kreis in die Pfanne geben und oberhalb zwei kleine Kreise ansetzen. Beim Wenden aufpassen, dass alle Teile zusammenbleiben. Vor dem Servieren eine Bananenscheibe als Schnauze auflegen und mit Schokosauce Augen und Nase aufmalen.

Beschwipster **Aprikosen-Crumble** mit Schoko-Ingwer-Streuseln

Für 6 Gläser oder 1 Auflaufform

1 kg Aprikosen
2 EL Aprikosenlikör
Mark von 1 Vanilleschote

Für die Streusel
70 g Butter
60 g Zucker
80 g Mehl
50 g gemahlene Mandeln
20 g Kakaopulver
1/2 TL Ingwerpulver
1 Prise Salz

■ Die Aprikosen waschen, entsteinen und in Schnitze schneiden. In die Gläser bzw. die Auflaufform geben und mit Aprikosenlikör und Vanillemark vermischen. 2–3 Stunden durchziehen lassen.

■ Den Backofen auf Ober-/Unterhitze 180 °C vorheizen. Alle Zutaten für die Streusel in den Mixtopf geben und [40 Sek./Stufe 5] mischen. Die Streusel auf den marinierten Aprikosen verteilen. Den Crumble im vorgeheizten Backofen ca. 30 Minuten backen.

■ Etwas abkühlen lassen und als Dessert noch warm servieren. Dazu passt frische Schlagsahne.

Tipp
Aprikosen harmonieren auch sehr gut mit Kräutern wie Rosmarin oder Thymian. Die Kräuter grob hacken und einfach zum Marinieren dazugeben. Durch das Marinieren können die Früchte die Aromen besser aufnehmen und schmecken dadurch intensiver. Wer keinen Ingwer mag, kann das Ingwerpulver z.B. durch Muskatblüte ersetzen oder einfach weglassen.

Schoko-**Bananen-Brot**

Für 1 Kastenform (25 cm)

120 g Butter
150 g Zucker
1 Prise Salz
Mark von 1 Vanilleschote
2 Eier
4 Bananen
250 g Mehl
30 g Kakaopulver
1 EL Milch

Für die Dekoration
Schokoladen-Glasur
Bananenchips

■ Den Backofen auf Ober-/Unterhitze 175 °C vorheizen. Eine Kastenform fetten und mehlen.

■ Butter, Zucker, Salz und Vanillemark mit dem Rühraufsatz in den Mixtopf geben und (2 Min./Stufe 3) schaumig rühren. Eier nach und nach dazugeben und je (30 Sek./Stufe 2) unterrühren. Bananen schälen und in grobe Stücke geschnitten in den Mixtopf geben. (30 Sek./Stufe 3) mixen. Zuletzt Mehl und Backpulver dazugeben und (10 Sek./Stufe 3) zu einem glatten Teig verarbeiten. Die Hälfte des Teigs in die Kastenform geben.

■ Zu der anderen Hälfte des Teigs Kakaopulver und Milch geben und (15 Sek./Stufe 3) verrühren. Diese Masse ebenfalls in die Kastenform geben. Mit einer Gabel die beiden Massen marmorieren. Im vorgeheizten Backofen ca. 50–60 Minuten backen.

■ Nach dem Abkühlen aus der Form nehmen und mit Schokoladen-Glasur und Bananenchips garnieren.

Tipp
Besonders aromatisch sind die Bananen, wenn sie sehr reif sind und bereits braune Flecken auf der Schale zu sehen sind. Unreife Bananen enthalten mehr Stärke, schmecken weniger süß und ergeben eine andere Konsistenz. Daher eignet sich das Brot besonders gut zur Verwertung von überreifen Bananen.

Süßes **Zucchini-Walnuss**-Brot

Für 1 Kastenform (25 cm)

300 g Zucchini
300 g brauner Zucker
3 Eier
1 Prise Salz
180 g Sonnenblumenöl
230 g Mehl
100 g gemahlene Walnüsse
50 g gemahlene Mandeln
2 TL Backpulver
1 TL gemahlener Zimt
100 g grob gehackte Walnüsse
Mark von 1 Vanilleschote

Puderzucker zum Bestäuben

■ Den Backofen auf Ober-/Unterhitze 175 °C vorheizen. Eine Kastenform fetten und mehlen.

■ Die Zucchini waschen, halbieren und die Kerne im Inneren mit einem Löffel entfernen. Das Fruchtfleisch in groben Stücken in den Mixtopf geben. Dann ca. (10 Sek./Stufe 5) raspeln. In eine Schüssel füllen.

■ Zucker, Eier, Salz, und Öl in den Mixtopf mit Rühraufsatz geben und alles (1 Min./Stufe 3/) leicht schaumig rühren. Mehl, gemahlene Walnüsse, gemahlene Mandeln, Backpulver, Zimt und Vanillemark dazugeben und (30 Sek./Stufe 3) verrühren.

■ Die geraspelten Zucchini etwas ausdrücken (Wasser wegschütten) und zum Rührteig in den Mixtopf geben. Zuletzt gehackte Walnüsse dazugeben. Alles (20 Sek./Stufe 3/Linkslauf) vermengen.

■ Die Masse in die vorbereitete Kastenform füllen und im vorgeheizten Backofen ca. 50–60 Minuten backen. Mit einem Holzstäbchen kontrollieren, ob die Masse durchgebacken ist und ggf. weitere 5–10 Minuten backen. Nach dem Abkühlen aus der Form lösen und mit Puderzucker bestäuben.

Tipp
Anstelle von Zucchini können Sie das Brot auch mit Möhren oder Kürbis backen. Das Gemüse macht das süße Brot unglaublich saftig und aromatisch.

Belgische Waffeln mit Erdbeer-**Rhabarber-**Kompott

Für ca. 8–10 dicke Waffeln

Für das Kompott
400 g Rhabarber
100 g Erdbeeren
50 g Zucker
30 g Wasser
1 TL Speisestärke
Mark von 1 Vanilleschote

Für die Waffeln
65 g Milch
1/2 Würfel Hefe
1 Pck. Vanillezucker
150 g Butter
2 Eier
65 g Wasser
1 Prise Salz
250 g Mehl
100 g Hagelzucker

etwas Öl zum Fetten
Puderzucker zum Bestäuben

■ Für das Kompott Rhabarber und Erdbeeren waschen und putzen. Den Rhabarber in 3 cm lange Stücke schneiden, Erdbeeren halbieren. Alle Zutaten zusammen in den Mixtopf geben und [7 Min./Stufe 2/100 °C] zu einem Kompott kochen. In eine Schüssel umfüllen.

■ Für die Waffeln Milch mit Hefe und Vanillezucker in den Mixtopf geben und [2 Min./Stufe 2/37 °C] verrühren. Die weiche Butter in Stücken dazugeben und nochmals [2 Min./Stufe 2/37 °C] auflösen.

■ Eier, Wasser und Salz dazugeben und [30 Sek./Stufe 3] vermischen. Mehl und Salz hinzufügen und [2 Min./Stufe 3] leicht aufschlagen. Den Teig ca. 30 Minuten im Mixtopf gehen lassen. Zuletzt den Hagelzucker dazugeben und [15 Sek./Stufe 2] untermischen.

■ Die Waffeln sofort im Waffeleisen [möglichst für dicke, rechteckige Waffeln] ausbacken. Mit Puderzucker bestäuben und noch warm mit dem Kompott servieren.

Tipps
Typisch für die Belgischen Waffeln ist das tiefe, eckige Waffeleisen. Wer nur ein normales Waffeleisen besitzt, kann die Waffeln auch darin backen. Dann nur aufpassen, dass nicht zu viel Teig in das Waffeleisen gegeben wird, da die Waffeln beim Backen noch aufgehen.
Übrig gebliebene Waffeln können gut eingefroren werden. Zum Auftauen einfach in den Toaster geben. so schmecken sie wie frisch gebacken!

Pikante Snacks

Wegknabbern und genießen!

Manchmal muss einfach etwas Herzhaftes in den Backofen. Für einen fröhlichen Sommerabend im Garten, eine gemütliche Winterrunde vor dem Kamin oder für die Party, egal in welcher Jahreszeit: In diesem Kapitel finden Sie eine Vielzahl von Rezeptideen, die Auge und Gaumen gleichermaßen schmeicheln und im Nu „weggeputzt" sind. Käsegebäck zum Knabbern, leckeres Brot wie Focaccia mit Rosmarin und Tomate oder der Partyhingucker schlechthin, die Party-Pesto-Sonne: Für die Momente im Leben, in denen Ihnen der Sinn nach pikant steht, werden Sie hier garantiert fündig. Und für ein gemütliches Sonntagsfrühstück erwarten Sie ebenfalls unwiderstehliche Genüsse.

Rezept zum Foto auf Seite 158

Vollkorn-**Bagels** mit **Kräuter-Frischkäse-** Aufstrich

Für ca. 12 Stück

200 g Milch
1 Würfel Hefe oder
2 Pck. Trockenhefe
2 TL Rohrzucker
4 EL Sonnenblumenöl
2 Eigelb
2 TL Salz
400 g Vollkornmehl (z. B. Dinkel, Weizen)

Zum Bestreichen und Bestreuen
2 Eiweiß
Mohn, Chia-Samen, Sesam, Käse, Sonnenblumenkerne

Für den Aufstrich
1 kleine Zwiebel
50 g frische Kräuter, z. B. Basilikum, Petersilie, Schnittlauch, Kresse
200 g Frischkäse
100 g Schmand
Saft von 1/2 Zitrone
Salz und Pfeffer

■ Für die Bagels Milch, Hefe und Rohrzucker in den Mixtopf geben und (2 Min./Stufe 2/30 °C) erwärmen. Sonnenblumenöl und Eigelbe dazugeben und (30 Sek./Stufe 2) unterrühren. Salz und Vollkornmehl (evtl. sieben) dazugeben und (5 Min./Knetstufe) zu einem glatten Teig kneten.

■ Abgedeckt im Mixtopf ca. 30 Minuten gehen lassen. Das Teigvolumen sollte sich in etwa verdoppeln. Teig aus dem Mixtopf nehmen, kurz durchkneten und in gleich große Stücke teilen (je ca. 60 g).

■ In einem großen Topf Salzwasser zum Kochen bringen. Den Backofen auf Ober-/Unterhitze 190 °C vorheizen. Die Teigstücke zu einer Kugel rollen. Dann mit dem Finger in der Mitte ein Loch machen und zu einem Ring formen. Die Ringe je Seite 30 Sekunden im kochenden Salzwasser pochieren. Dann mit der Schaumkelle herausholen, leicht abtropfen lassen und auf ein Backblech mit Backpapier legen. Die Bagels mit Eiweiß bestreichen und sofort mit Mohn, Chia-Samen, Sesam usw. bestreuen. Im vorgeheizten Backofen auf mittlerer Schiene ca. 20 Minuten goldbraun backen.

■ Für den Aufstrich Zwiebel schälen, halbieren und in den Mixtopf geben, (15 Sek./Stufe 5) hacken. Kräuter waschen, abtrocknen, Blätter abzupfen und zur Zwiebel in den Mixtopf geben und (20 Sek./Stufe 4) hacken, dabei evtl. ab und zu mit einem Spatel vom Rand zusammenkratzen. Frischkäse, Schmand, Salz, Pfeffer und Zitronensaft hinzugeben und (20 Sek./Stufe 3) mischen. Eventuell nochmal abschmecken.

Tipps
Perfekte Bagels haben eine eher feste Beschaffenheit und eine dünne Kruste. Der Teig lässt sich gut variieren, wenn man verschiedene Mehlsorten verwendet. Auch die Zugabe von Kräutern, getrockneten Tomaten, Speckwürfeln usw. in den Teig macht die Bagels jedes Mal zu einem neuen Geschmackserlebnis.

Party-Pesto-Sonne

Für 1 Sonne

Für den Teig
440 g Mehl
4 EL Olivenöl
240 g Wasser
1/2 TL Salz

Für das Pesto Verde
2 Knoblauchzehen
100 g frische Basilikumblätter
50 g Cashewkerne
150 g Parmesan
1 TL Salz
2 Prisen Pfeffer
200 g Olivenöl

Für das Pesto Rosso
1 Knoblauchzehe
60 g Parmesan
100 g getrocknete Tomaten in Öl (abgetropft)
40 g Pinienkerne
1 Prise Salz
1 Prise Pfeffer
100 g Olivenöl
2 EL Öl von den Tomaten

200 g Cherry-Tomaten
1 TL Balsamicocreme
Basilikum
Parmesan

■ Für den Teig alle Zutaten in den Mixtopf geben und (2 Min./Knetstufe) kneten. Teig aus dem Mixtopf nehmen, in Frischhaltefolie wickeln und 30 Minuten kalt stellen.

■ Für das Pesto Verde Knoblauch schälen, in den Mixtopf geben und (5 Sek./Stufe 8) zerkleinern. Basilikum, Cashewkerne, Parmesan, Salz und Pfeffer dazugeben und (10 Sek./Stufe 8) zerkleinern. Zuletzt das Olivenöl langsam durch die Deckelöffnung dazugeben, während auf (Stufe 4) gerührt wird. Für das Pesto Rosso ebenso verfahren. Zum Schluss Olivenöl und Tomatenöl durch die Deckelöffnung geben.

■ Den Teig auf einer bemehlten Arbeitsfläche sehr dünn ausrollen. Einen Kuchenteller darauflegen und 5 Kreise ausschneiden. Den Backofen auf Ober-/Unterhitze 175 °C vorheizen. Den ersten Teigkreis auf ein mit Backpapier belegtes Blech setzen. Mit einer Schicht Pesto Verde bestreichen. Dann den zweiten Teig-Kreis daraufsetzen und mit Pesto Rosso bestreichen. Diesen Vorgang wiederholen. Den letzten Teig Kreis nicht bestreichen.

■ Ein Gläschen in die Mitte des Kreises stellen. Mit einem scharfen Messer vom Rand des Glases (Mitte) nach außen einschneiden. Zuerst in vier gleich große Teile. Diese halbieren, sodass acht „Zacken" entstehen. Nochmals halbieren, sodass am Ende 16 „Zacken" eingeschnitten sind. Das Glas wegnehmen. Immer zwei „Zacken" in die Hand nehmen und 2- bis 3-mal nach innen eindrehen. Mit den Fingern zusammendrücken (siehe Bilder rechts). Nun sollte eine Sonne entstanden sein. Diese im vorgeheizten Backofen etwa 30 Minuten goldbraun backen.

■ Währenddessen die Cherry-Tomaten waschen, vierteln und mit 1 Prise Salz und Pfeffer würzen. Wenn die Pesto-Sonne etwas abgekühlt ist, auf einer Platte anrichten. Die Tomaten in der Mitte drapieren und mit Balsamicocreme, Basilikum und geriebenem Parmesan dekorieren.

Tipp
Die Pesto-Sonne ist das Highlight auf jeder Grill-Party! Sie kann lauwarm, aber auch kalt gegessen werden. Wenn etwas vom Pesto übrig bleibt, in ein sauberes Glas füllen und mit einer Schicht Öl bedecken. Im Kühlschrank bleibt das Pesto so ca. 2 Wochen haltbar.

Laugenstangen

Für 10 Stück

Für den Teig
290 g Wasser
1/2 Würfel Hefe
500 g Weizenmehl, Type 550
1 TL Salz
30 g weiche Butter

Für die Lauge
1 l Wasser
50 g Natron

Für die Dekoration
grobes Meersalz

■ Für den Teig Wasser mit Hefe in den Mixtopf geben und (2 Min./Stufe 2/37 °C) erwärmen. Restliche Zutaten dazugeben und (3 Min./Knetstufe) zu einem glatten Teig verarbeiten. Im geschlossenen Mixtopf ca. 20 Minuten gehen lassen.

■ Für die Lauge Wasser in den Mixtopf geben und (3 Min./Stufe 2/100 °C) kochen. Natron in eine große Schüssel geben und mit dem kochenden Wasser aufgießen. (Achtung: Es sprudelt sehr!). Aus dem Teig ca. 10 Stangen formen.

■ Den Backofen auf Ober-/Unterhitze 200 °C vorheizen. Ein Backblech mit Backpapier belegen. Die Laugenstangen mit einer Schaumkelle für ca. 50 Sekunden in die Natronlauge legen. (Die Lauge darf nicht an die Hände oder in die Augen kommen! Mit Gummi-Handschuhen arbeiten!)

■ Die Laugenstangen mit etwas Abstand auf das vorbereitete Backblech legen. Evtl. mit einem scharfen Messer schräg einschneiden. Mit grobem Meersalz bestreuen. Im vorgeheizten Backofen je nach Größe ca. 20–30 Minuten backen.

Tipp
Nichts geht über selbst gebackene Brötchen zum Frühstück. Der Teig eignet sich auch zur Herstellung von Brezeln. Die Stangen müssen dafür an beiden Enden dünner und länger gerollt und dann ineinander verschlungen werden. Wer das Laugengebäck noch verfeinern will, kann z. B. Speckwürfel in den Teig geben oder sie vor dem Backen mit geriebenem Käse bestreuen.

Schinkenhörnchen

Für 30–40 Stück

Für den Teig
250 g Mehl
150 g weiche Butter
250 g Quark
1/2 TL Salz

Für die Füllung
1 große Zwiebel
20 g Butter
200 g gewürfelter Schinken
20 g gehackte Petersilie
1 Prise Pfeffer

Zum Bestreichen und Bestreuen
1 Ei
Kümmel

■ Für die Füllung Zwiebel schälen, in den Mixtopf geben und (10 Sek./Stufe 8) hacken. Butter und Schinken dazugeben und alles (4 Min./Stufe 2/100 °C/Linkslauf) anbraten.

■ Gehackte Petersilie und Pfeffer hinzufügen und (10 Sek./Stufe 2) untermischen. In eine Schüssel umfüllen und abkühlen lassen.

■ Für den Teig alle Zutaten in den Mixtopf geben und (2 Min./Knetstufe) zu einem glatten Teig verarbeiten. 10 Minuten ruhen lassen. Den Backofen auf Ober-/Unterhitze 175 °C vorheizen. Mehrere Backbleche mit Backpapier belegen.

■ Den Teig aus dem Mixtopf holen und auf einer bemehlten Arbeitsfläche dünn ausrollen. Lange Dreiecke aus dem Teig schneiden. Mit einem Teelöffel die Schinkenfüllung auf die breite Seite der Dreiecke geben und eng aufrollen. Die Hörnchen auf das vorbereitete Backblech legen, mit dem verquirlten Ei bestreichen und mit Kümmel bestreuen. Im vorgeheizten Backofen ca. 20 Minuten goldbraun backen.

Tipp
Die kleinen Schinkenhörnchen sind perfekt als Snack auf jeder Party. Statt mit Kümmel kann man sie auch mit grobem Meersalz bestreuen. Die Füllung lässt sich ebenfalls variieren, z. B. mit Salami und Käse oder vegetarisch mit Champignons anstelle des Schinkens.

Focaccia mit Tomaten und Rosmarin

Für 1 Backblech

Für den Teig
450 g Mehl
450 g Wasser
2 TL Salz
1 Prise brauner Zucker
2 Pck. Trockenhefe

Für den Belag
10 Cherry-Tomaten
1 Rosmarinzweig
50 g grob geriebener Parmesan
grobes Meersalz
4 EL Olivenöl

■ Alle Zutaten für den Teig in den Mixtopf geben und (20 Sek./ Stufe 4) verrühren. Den Teig im Mixtopf ca. 1 Stunde gehen lassen. (Achtung, der Teig geht sehr stark auf!). In der Zwischenzeit ein tiefes Backblech mit Backpapier belegen.

■ Den Teig nach der Gehzeit vorsichtig auf das vorbereitete Backblech gießen. Dabei so wenig wie möglich im Teig rühren, damit die Luftblasen im Teig bleiben. Den Teig mit einem Küchentuch abdecken und nochmals 30 Minuten gehen lassen. Den Backofen auf Ober-/Unterhitze 200 °C vorheizen.

■ Währenddessen für den Belag die Cherry-Tomaten in Scheiben schneiden und den Rosmarin zupfen und grob hacken. Focaccia mit den Tomaten belegen. Rosmarin, Parmesan und Meersalz darüberstreuen. Im vorgeheizten Backofen ca. 30–40 Minuten goldbraun backen. Die Focaccia abkühlen lassen. Dann mit Olivenöl beträufeln und in Stücke schneiden.

Tipps
Die Focaccia ist luftig und saftig und passt sehr gut zu mediterranen Vorspeisen wie Antipasti oder als Beilage zu Salat.
Der Belag kann nach Belieben variiert werden, z. B. mit Zwiebeln, Speck, Salami, Feta, Oliven usw.

Quiche **Lorraine**

Für 1 Quicheform (28 cm)

400 g Blitzblätterteig
(siehe Grundrezept)

Für die Füllung
1 große Zwiebel
30 g Butter
250 g Hackfleisch
125 g gewürfelter Schinken
300 g geriebener Emmentaler

Für den Guss
200 g Milch
90 g Sahne
2 Eier
1 EL Mehl
1/2 TL Salz
1 Prise Pfeffer
1 Msp. geriebene Muskatnuss
1 Msp. edelsüßes Paprikapulver

■ Den Blitzblätterteig laut Grundrezept zubereiten und kühl stellen.

■ Für die Füllung Zwiebel schälen, in den Mixtopf geben und (10 Sek./Stufe 8) hacken. Butter, Hackfleisch und Schinken dazugeben und (5 Min./Stufe 2/100 °C/Linkslauf) anbraten. Käse hinzufügen und (10 Sek./Stufe 2) untermischen. In eine Schüssel umfüllen.

■ Alle Zutaten für den Guss in den Mixtopf geben und (30 Sek./Stufe 3) verrühren. Evtl. nochmals abschmecken. Den Backofen auf Ober-/Unterhitze 175 °C vorheizen. Eine Quicheform fetten.

■ Den Blitzblätterteig auf einer bemehlten Arbeitsfläche ausrollen und die Quicheform damit auslegen. Die Füllung in die Form geben und den Guss darübergießen. Im vorgeheizten Backofen ca. 1 Stunde goldbraun backen.

Tipp
Die Quiche Lorraine stammt aus dem Elsass und ist heute international beliebt. Sie wird warm als Vorspeise oder Hauptgericht verzehrt. Dazu schmeckt ein frischer Salat und ein guter Wein.

Käsegebäck

Für ca. 50 Stück

Für den Teig
125 g weiche Butter
125 g Sahne
250 g Mehl
200 g geriebener Emmentaler
1 Ei
1 Prise Salz
1 Prise edelsüßes Paprikapulver

Zum Bestreichen und Bestreuen
1 Ei
Käse, Sonnenblumenkerne,
Mohn, Sesam, Kümmel usw.

■ Alle Zutaten für den Teig in den Mixtopf geben und (1 Min./ Knetstufe) vermischen. Den Teig aus dem Mixtopf holen und in Frischhaltefolie verpacken. Im Kühlschrank ca. 30 Minuten ruhen lassen. Den Backofen auf Ober-/Unterhitze 180 °C vorheizen. Mehrere Backbleche mit Backpapier belegen.

■ Den Teig auf einer bemehlten Arbeitsfläche ca. 1/2 cm dick ausrollen. Mit einem Ausstecher (z. B. kleine Füße, Herzen, Blumen usw.) ausstechen und auf die vorbereiteten Bleche legen. Das Käsegebäck mit dem verquirlten Ei bepinseln und nach Belieben mit Käse, Sonnenblumenkernen, Mohn, Sesam, Kümmel usw. bestreuen. Im vorgeheizten Backofen ca. 12–15 Minuten goldbraun backen.

Tipp
Das Käsegebäck schmeckt am besten, wenn es frisch gebacken ist. Wer es für den nächsten Tag nochmal auffrischen will, kann das Käsegebäck auf einem Backblech ca. 5 Minuten bei 200 °C aufbacken.

Rezepte

Danksagung

Mit freundlicher Unterstützung von:

Confiserie
NESSBACH & SCHWALBER

Texte und Rezepte: Sandra Luz
Fotos: Vivi D'Angelo, außer: Fotolia S. 13, 17, 21
Redaktion und Lektorat: Annerose Sieck
Gestaltung, Bildredaktion und Satz: Christine Paxmann text • konzept • grafik, München

Gesamtherstellung: Ullmann Medien GmbH, Potsdam
Printed in Slovakia, 2016
ISBN 978-3-7415-2019-8

10 9 8 7 6 5 4 3 2 1
X IX VIII VII VI V IV III II I

www.ullmannmedien.com
info@ullmannmedien.com
facebook.com/ullmannmedien
twitter.com/ullmannmedien

MIX
Papier aus verantwortungsvollen Quellen
FSC® C129466
www.fsc.org